पाब्लो नेरूदा : प्रेम कविताएँ

पाब्लो नेरूदा : प्रेम कविताएँ

(19वीं शती : प्रकाशनों में कथा वैविध्य)

संपादन एवं भूमिका

सुरेश सलिल

काव्यानुवाद

मधु शर्मा

वाणी प्रकाशन

प्रकाशन के उत्कृष्टतम 62 वर्ष

पेपरबैक प्रथम संस्करण : 1999
पेपरबैक द्वितीय संस्करण : 2009
पेपरबैक तीसरा संस्करण : 2025

vaniprakashan.com

वाणी प्रकाशन

4695, 21-ए, दरियागंज, नयी दिल्ली-110 002

फ़ोन : + 91 11 23273167, 23275710

शाखाएँ

अशोक राजपथ, पटना-800 004, बिहार

कॉफ़ी हाउस कैम्पस, महात्मा गांधी मार्ग, प्रयागराज-211 001, उत्तर प्रदेश

महात्मा गांधी अन्तरराष्ट्रीय हिन्दी विश्वविद्यालय, वर्धा-442 001, महाराष्ट्र

sales@vaniprakashan.in
vaniprakashan@gmail.com

PABLO NERUDA : PREM KAVITAEN
Edited *by* Suresh Salil

ISBN : 978-93-8702-457-1

Poetry

मूल्य : ₹ 195

जी.एस. ऑफ़सेट, दिल्ली-110 095 में मुद्रित

वाणी प्रकाशन का लोगो मक़बूल फ़िदा हुसैन की कूची से

संपादकीय प्राक्कथन

विश्व कविता के शताब्दी पुरुष और सर्जनात्मकता का कीर्तिमान स्थापित करने वाले महाकवि पाब्लो नेरूदा (1904-1973) की प्रेम कविताओं का यह आयोजन उनकी जन्मशती से संदर्भित माना जा सकता है। यह तीन खण्डों में संयोजित है। पहले खण्ड में नेरूदा की अत्यंत प्रशंसित एवं लोकप्रिय काव्यकृति 'बीस प्रेम कविताएँ और विषाद का एक गीत' (Veinte poemas de Amory Una Concion Deses perada/Twenty Love Poems and a Song of Despair : 1925-26) की सभी 21 कविताएँ (अनु. मधु शर्मा) शामिल की गई हैं, दूसरे खण्ड में 'नायक के गीत' (Los Versos del Capitan/The Captain's Verses : 1952) की कुल 42 कविताओं में से 22 कविताएँ (अनु. सुरेश सलिल) ली गई हैं और तीसरे खण्ड में कवि के निधनोपरांत पहली बार प्रकाशित काव्यकृतियों से चुन कर कतिपय कविताएँ (अनु. सुरेश सलिल) दी गई हैं, जो मानव-प्रेम के विश्विक आयाम का एक सर्वथा मौलिक पाठ प्रस्तुत करती लक्ष्य की जाएँगी।

ये सभी अनुवाद कविताओं के मूल स्पानी पाठ और उनके अंग्रेज़ी अनुवादों की सहायता से तैयार किए गए हैं। अंग्रेज़ी अनुवादकों का उल्लेख यथास्थान किया गया है।

समग्रतः अनुवाद और विशेष रूप से काव्यानुवाद को लेकर तीन सैद्धांतिक विमर्श विगत अर्धशती में विकसित हुए हैं। एक धारा का मानना है कि किसी भी सृजनात्मक कृति का अनुवाद संभव नहीं है। इसके समर्थन में दार्शनिक क़िस्म का तर्क दिया जाता है, जिसे पूरी तरह स्वीकार या अस्वीकार नहीं किया जा सकता। दूसरी धारा उन सिद्धांतकारों की है, जो मान कर चलते हैं कि कविता के अनुवाद में आधार मसौदे का यथावत् पालन किया जाना चाहिए, लेकिन वे ख़ैयाम की रुबाइयों के फ़िट्ज़गेराल्ड द्वारा किए गए और क्लासिक्स की श्रेणी में गिने जाने वाले अनुवाद पर कोई टिप्पणी करने से कतरा जाते हैं। तीसरी धारा उन सिद्धांतकारों की है

जो साहित्यिक अनुवाद-कर्म को एक भाषा-संस्कृति से दूसरी भाषा-संस्कृति में प्रतिरोपण मान कर चलते हैं और यह भी, कि जिस भाषा-संस्कृति में अनुवाद किया जाए, उसके अनुरूप, कृति की मूल संवेदना और कथ्य को छेड़े बिना अनुवादक किंचित् स्वतंत्रता लेने का अधिकारी है। इस प्रस्तुति के दोनों अनुवादक इसी धारा के साथ अपनी पहचान करते हैं। कविता के अनुवाद को लेकर एक और सैद्धांतिकी भी विगत दशकों में विकसित हुई है कि कविता के अनुवाद का एकमात्र उत्तराधिकारी कवि है, अनुवादक अगर कवि नहीं है तो कविता का अनुवाद किया ही नहीं जाना चाहिए। इस प्रस्तुति के अनुवादक उपुर्यक्त सैद्धांतिकी के अनुरूप हैं। 'बीस प्रेम कविताएँ और विषाद का एक गीत' की अनुवादिका मधु शर्मा सघन ऐंद्रिय संवेदना से युक्त एक समर्थ कवि हैं, जिसकी बानगी अब तक प्रकाशित उनके तीन कविता संग्रह देते हैं। शमशेर की कविता से गहरा जुड़ाव और उनके काव्य पर शोध भी मधु की काव्य-संवेदना और भाव-प्रतीति का एक परिचय हो सकता है। प्रकाशित रूप में भले ये उनके पहले काव्यानुवाद हैं, लेकिन बॉदलेयर, रिल्के आदि अपने प्रिय कवियों के सान्निध्य में वे अरसे से काव्यानुवाद का अभ्यास करती रही हैं। डब्ल्यु. एस. मर्विन के अंग्रेजी अनुवादों और मूल स्पानी पाठ की सहायता के साथ-साथ मधु ने इन कविताओं के रचनाकाल के नेरूदा की संवेदना में उतरकर, कवि के अंतर्लोक के अवगाहन की भी हार्दिक कोशिश इन काव्यानुवादों में की है, जो भाषा से बाहर की प्रक्रिया है। महत्वपूर्ण यह भी है कि नेरूदा की यह अत्यंत लोकप्रिय काव्यकृति अपनी संपूर्णता में और काव्यास्वाद की शर्त पर, इस प्रस्तुति के जरिये पहली बार हिंदी में आ रही है।

–सुरेश सलिल

पाब्लो नेरूदा की कविता

''मेरे .खून में कभी एक उँगली भी न डुबोनेवाले/क्या कहेंगे मेरे कविताओं के बारे में?'' पाब्लो नेरूदा की यह काव्यपंक्ति ही वस्तुतः वह कसौटी है, जिससे किसी कवि की काव्य-वस्तु को, उसकी सौंदर्य-दृष्टि को पहचाना और परखा जा सकता है। नेरूदा की आत्मकथात्मक गद्यकृति 'कॉनफियेसो के हे विविदो : मेमोरियास' में उनके शैशव, बचपन और यौवनकाल तक के विकास के प्राकृतिक, सामाजिक और भावनात्मक परिवेश की अनेक हार्दिक झलकियाँ हैं। दक्षिण अमेरिका के सीमावर्ती देश चीले के पहाड़ों और जंगलों से भरपूर पारेल क़स्बे में नेरूदा ने जब आँखें खोलीं, तो उनकी पहली पहचान बारिश और पानी से हुई। पूरे साल चलनेवाली तूफ़ानी बारिश और टापुओं जैसी दिखती बस्तियाँ। बारिश और पानी के साथ-साथ श्यामल हरीतिमा का साम्राज्य—बाप-दादों जितनी उम्रवाले क़द्दावर दरख़्त, क़िसिम-क़िसिम की झाड़ियाँ-लतरें, और उस अनंत वन-संपदा के बीच हज़ारों क़िस्म के रंग-बिरंगे गुबरीले, पतिंगे, जीव-जंतु, फूल। मौसम के संकेतों से अपना रंग बदलनेवाले पहाड़, समुद्री तलहटियाँ और ऊँचे-नीचे पथरीले रास्तों पर टप्-टप्-टप् की सांगीतिक ताल के साथ क़द्दावर लाल घोड़ों की सवारी। इसी प्राकृतिक परिवेश में नेरूदा बचपन से युवावस्था तक पहुँचे। बाल्यकाल में ही नेरूदा को अपने पिता के साथ, रेल-पटरियों की मरम्मत के, उनके कार्यस्थल पर रहने और कर्मी दल के मेहनतकशों से दोस्ती गाँठने, इंसानी आत्मीयता से उच्छल उनकी आत्मा तक पैठने और दायित्व निर्वाह के बीच अपनी क़ुर्बानी तक दे देने के उनके जज़्बे को पहचानने-महसूस करने का अवसर मिला। इस प्रसंग में नेरूदा ने मोंखे (Monge) नाम के एक ऐसे ख़तरनाक श्रमिक का उल्लेख किया है, जो हरदम चाकू साथ रखता था और जिसके चेहरे पर चाकू के ज़ख़्मों के दो बड़े निशान थे। उससे नेरूदा की दोस्ती हो गई, और दोस्ती भी इतनी गहरी कि वह जंगलों के बीच तक भटककर कापीवा (चीले का राष्ट्रीय फूल) के दुर्लभ सफ़ेद फूल, रोएँदार मकड़ियाँ, सफ़ेद चित्तीदार गर्दनवाले कबूतरों के बच्चे अपने नन्हे दोस्त

को लाकर देता। नेरूदा बताते हैं कि एक बार बिजली की कौंध जैसा फ़ुर्तीला, इंद्रधनुषी रंगोंवाला एक ऐसा दुर्लभ गुबरीला मोंख़े ने मुझे लाकर दिया जिसका जोड़ीदार, लाख कोशिशों को बावजूद, ज़िंदगी भर मैं नहीं तलाश पाया। और वह भी, ज़रा-सी चूक से, एक न भुलाया जा सकनेवाला इंद्रधनुषी सपना दिखाकर, बिजली की कौंध जैसी ही फ़ुर्ती से, मेरी हथेली से उड़ गया—जंगलों में जाकर खो गया। अपने उसी अज़ीज़ दोस्त मोंख़े के, रेल के डिब्बे से गिरकर और पटरियों पर कुचलकर मरने की ख़बर नेरूदा को अपने पिता से सुननी पड़ी। जीवन के अंतिम छोर से, "छिपाते क्यों हैं/दरख़्त अपनी जड़ों की महिमा?/अपराधी मोटरकार के प्रायश्चित पर/कौन कान देता है!/बारिश में बेहरकत खड़ी रेलगाड़ी से/ज्यादा उदास कोई चीज़ है दुनिया में?" जैसी पंक्तियाँ लिखते हुए, कौन कह सकता है, नेरूदा की सम्वेदना में बचपन के आँखों-देखे वे दृश्य, वे चेहरे, वे अनुभव नहीं घुले रहे होंगे?

नेरूदा की माँ दोआँ रोसा बासोआल्तो, जातक को जन्म देने (12 जुलाई, 1904) के एक महीने बाद ही चल बसी थीं। सौतेली माँ से यद्यपि उन्हें माँ जैसा ही वात्सल्य मिला और वे उसे सौतेली माँ के रूप में याद करना अपराध मानते थे, लेकिन अपनी वास्तविक माँ को उसकी वास्तविक शक्ल-सूरत में जानने, उसकी रुचियों, उसकी सौंदर्य-दृष्टि से परिचित होने की ललक भी बचपन के दिनों में उनमें कम नहीं थी। इसी उधेड़बुन में, जहाँ पड़ोस के एक सम्भ्रान्त परिवार के फोटो-संग्रह में उन्हें अपनी माँ का एक फोटोग्राफ देखने का सुयोग जुटा, वहीं यह जानकारी भी मिली कि वह कविता रचती थी। और यहीं से नेरूदा को अपनी सम्वेदना में माँ को साकार करने की प्रेरणा मिली। वे कहते हैं कि अभी मैं ठीक-ठीक पढ़ना-लिखना भी नहीं सीख पाया था, कि अचानक एक दिन मेरे भीतर से एक भावोच्छ्वास उठा—उदासी और विषाद से ऊभचूभ, और उसी मनःस्थिति में मैंने कुछ शब्द जोड़े, जिसमें कुछ-कुछ तुकबन्दी भी थी, लेकिन वह मेरी रोज़मर्राह ज़ुबान से अलग, एक बिल्कुल दूसरी ही तरह की, अनपहचानी चीज़ थी। मैं अपने उस पहले काव्य-प्रयास को पिता के पास ले गया। वे उस वक़्त भोजनकक्ष में (नई) माँ से बातें कर रहे थे। उन्होंने दुचित्तेपन से मेरे हाथ से काग़ज़ लिया, दुचित्तेपन से ही उसे पढ़ा ओर दुचित्तेपन से ही मुझे वापस लौटाते हुए कहा, "कहाँ से उतारा?" और फिर बातों में मशगूल हो गए। इस तरह मेरी पहली कविता का जन्म हुआ और ग़ैरज़िम्मेदाराना साहित्यिक समीक्षा की पहली बानगी मुझे मिली। इस घटना से कुछ ही पहले शिकारियों द्वारा बुरी तरह ज़ख़्मी किए गए एक हंस को बचाने की नेरूदा ने कोशिश की थी। अनेक प्रयत्नों के बाद भी वे उसे बचा नहीं पाए, और जब उसकी गर्दन धीरे-धीरे ढीली पड़ रही थी, तो नेरूदा की सम्वेदना में एक पंक्ति उभरी थी—"मरते वक़्त हंस गाते नहीं।" इस प्रसंग के

हवाले से; नेरूदा के प्रथम भावोच्छ्वास की, उदासी और विषाद और उससे उपजे प्रथम गान की व्याख्या की जाए, तो आदि कवि का पहला अनुष्टुप याद आएगा ही, और आनन्दवर्धन का श्लोकांश भी—'क्रौञ्चद्वन्द्व वियोगोत्थः शोकः श्लोकत्वमागतः।'

बचपन में ही अपने घर के बहुत पुराने खानदानी बक्से की तलाशी लेते हुए, किसी एनरीक अथवा अल्बेर्तो द्वारा अपनी प्रेमिका मारिया थीलमान को भेजे गए, उस ज़माने की मशहूर अभिनेत्रियों के पिक्चर पोस्टकार्डों वाले सैकड़ों प्रेमपत्रों के जरिए, नेरूदा न केवल अपने जीवन की पहली प्रेम कहानी से परिचित हुए, बल्कि दोनों में से किसी को न जानते हुए भी, मन ही मन मारिया थीलमान को प्यार करने लगे। उनके घर के ठीक सामने रहनेवाली, रोसिता और ख़ोसेफ़िना नाम की, दो शोख़ लड़कियों ने, उस प्रेमिल भावना को सान पर चढ़ाया। नेरूदा कहते हैं, जब भी वे मुझे निहारतीं, मेरा चेहरा सुर्ख़ हो जाता। इसी प्रथमांकुरित प्रेम की स्मृति आगे चलकर नेरूदा के आत्मकथात्मक काव्य संग्रह 'आइला नेग्रा' में इस प्रकार दर्ज़ हुई : "...रोसिता और ख़ोसेफ़िना/दूसरी ओर गली के/सब कुछ दाँत और आँखें/रोशनी से भरपूर, आवाज़ें/नन्हें, छिपे हुए गिटारों जैसी/मुझे पुकारती हुई/और मैंने गली पार की/चकराया हुआ, भयभीत/और मैं अभी मुश्किल से पहुँचा ही था/कि वे मुझसे कानाफूसी कर उठीं/मेरा हाथ पकड़ा/मेरी आँखें मीचीं/और मेरे, मेरी मासूमियत के साथ/बेकरी की तरफ़ भागीं/. ..मुझे लगा/कि मेरे खून में कुछ बदल रहा है/और मेरे मुँह/मेरे हाथों की तरफ़/कोई विद्युतपुष्प/बढ़ रहा है/क्षुधित/प्रभासित/पुष्प/कामना का।"

पिता के कार्यस्थल, 'तेमुको' क़स्बे में रहते हुए ही नेरूदा स्टूडेण्ट फेडरेशन की गतिविधियों में हिस्सेदारी और उसके मुखपत्र 'क्लारिदाद' के नगर प्रतिनिधि का दायित्व वहन करने लगे थे। उसी दौरान सांतियागो स्थित, फेडरेशन के मुख्यालय पर कुलीन तन्त्र के युवा संगठन द्वारा हमला और उसमें चीले के अत्यन्त सम्भावनाशील क्रान्तिकारी युवा कवि दोमिंगो गोमेस रोखास की नृशंसा हत्या ने उन्हें हिलाकर रख दिया था। चीले के राष्ट्रीय सन्दर्भों में रोखास की हत्या का वही असर नेरूदा ने महसूस किया, जो डेढ़ दशक बाद स्पेन के रिपब्लिकंस पर लोर्का की शहादत का पड़ा था।

तेमुको और सांतियागो के अध्ययन काल के उपरान्त नेरूदा राजनयिक सेवा में चले गए, और उसके जरिए उन्हीं चीले से बाहर, दक्षिण अमेरिका के अन्य देशों, एशिया और यूरोप के भ्रमण और विश्व-परिस्थितियों को देखने, जानने-समझने के अवसर सुलभ हुए। स्पेन के गृहयुद्ध के दौरान नेरूदा जब कौंसुलर के पद पर स्पेन में तैनात थे, अपनी उसी विश्व अभिज्ञा से प्रेरित होकर, अपनी हैसियत से बाहर आकर यदि वे फ्रांको के निरंकुश शासन के विरुद्ध रिपब्लिकंस के कन्धों से कन्धा जोड़कर क्रान्तिकारी नेतृत्व की भूमिका में उतरे और आगे का अपना

समूचा जीवन एक समर्पित कम्युनिस्ट क्रांतिकारी कवि की तरह जिए और मरे, तो इसका श्रेय तेमुको और सांतियागो काल की उनकी राजनीतिक-वैचारिक दीक्षा को ही जाता है।

नेरूदा के अनुवादक और अंग्रेजी कवि एलिस्टेयर रीड ने उनके 'अनेक कवि-व्यक्तित्वों' की बात कही है। कवि के जीवनगत घटनाक्रम की रोशनी में उन अनेक कवि-व्यक्तित्वों (पीएटिक सेल्व्स) को जाना- पहचाना जा सकता है। किसी कवि के होने की पहली शर्त है काव्य-सम्वेदना, यह नेरूदा को विरासत में माँ से मिली थी। उसके अतिरिक्त? हवा, पानी, पहाड़, समुद्र, पेड़-पौधे-फूल-फल, चरिंद-परिंद; अर्थात अपना नैसर्गिक परिवेश, करुणा, प्रेम आदि मानवीय संवेग, सामाजिक अभिज्ञा और वैचारिक दृष्टि और मानवीय सरोकार—ये वे कारक तत्त्व हैं, जो एक कवि का और उसके अनेक कवि-व्यक्तित्वों का विकास करते हैं। यह सब कुछ कवि-माँ के भावी कवि-बेटे ने अपने बचपन से तरुणाई के दरमियान अपनी जेबों में सहेज लिया था और इसी सँजोई संपदा के बल पर आगे वह कह सका : "ख़ामोश है ताक़त (मुझे बताते हैं पेड़) और गहराई (मुझे बताती हैं जड़ें)/और शुद्धता (मुझे बताता है आटा)/किसी जड़ ने नहीं कहा मुझसे/'मैं ही आती हूँ सबसे गहराई से;'/और कभी नहीं कहा रोटी ने/'कुछ भी नहीं है रोटी जैसा।'" (प्रभाती नौटियाल द्वारा मूल स्पानी से अनूदित)।

नेरूदा के कवि-जीवन की विधिवत शुरुआत, बीस-बाईस की उम्र तक पहुँचते न पहुँचते, 'क्रिपस्कुलारियो' ('गोधूलि वेला') तथा 'वीन्ते पोएमास दे आमोर ई ऊना कांसियोन देसेस्पेरादा' ('बीस प्रेम कविताएँ और विषाद का एक गीत') की प्रेम कविताओं से हुई, और वे कविताएँ इतनी लोकप्रिय हुईं कि नेरूदा राष्ट्रीय ख्याति के कवि बन गए। कोई दूसरा उस रिस्पांस से अंधा हो जा सकता था, या कम-अज-कम, बाधित तो हो ही सकता था। लेकिन नेरूदा की प्रेम कविताएँ अलगाव या आइसोलेशन के बीच से नहीं आई थीं। जब वे प्रेम कविताएँ लिख रहे थे, ठीक उसी दौरान स्टूडेण्ट फेडरेशन के अखबार 'क्लारिदाद' में कामगारों के मौलिक अधिकारों के सरकारी दमन के विरुद्ध लेख भी लिख रहे थे और श्रमिक नेता लुइस एमीलियो रेसावार्रेन के नेतृत्व में निकलनेवाले विरोध प्रदर्शनों-धरनों में हिस्सा लेकर पुलिस के लात-घूँसे और गालियाँ भी खा रहे थे। नेरूदा की दृष्टि अपनी प्रेम कविताओं के उन प्रशंसकों पर भी थी, जो शासन की कुर्सी पर बैठकर आम जनता के मौलिक अधिकारों के विरुद्ध क़ानून बना रहे थे और विरोध की स्थिति में पुलिस को दमनात्मक कार्रवाई के आदेश जारी कर रहे थे। इसी अभिज्ञा के बल पर आगे चलकर वे लिख सके—"मैं जब प्रेम कविताएँ लिख रहा था/जो मेरे भीतर से चारों ओर फूटीं/और

विषाद से भर रहा था/ लावारिस, खानाबदोश और शब्दों की जुगाली करते हुए,/उन्होंने मुझसे कहा, कितने बड़े आदमी हो तुम, थेयोक्रॅटस!.../मैं थियोक्रॅटस नहीं/मैंने ज़िंदगी जी है, झेली है, चूमा है उसे/वे खाँसने लगे नफ़रत के साथ/छोड़ दिया 'हेलो' कहना और थियोक्रॅटस के नाम से पुकारना/मुझे अपमानित करने और समूचा पुलिस अमला/मेरी गिरफ़्तारी के लिए तैनात करने के साथ मामला ख़त्म हुआ/क्योंकि निखालिस अलौकिक विषयों के साथ जुड़े रहना मैंने जारी नहीं रखा...''

अलौकिक स्वयं में कोई चीज़ नहीं होती, लेकिन किन्हीं विशेष परिस्थितियों में कोई भी चीज़ अलौकिक बन जा सकती है, जैसे जलते हुए रोम के बैकड्रॉप में नीरो की वंशी। यह विवेक ही नेरूदा की कविता की सौंदर्य-दृष्टि है। वे 'अपनी जड़ों की महानता' को कभी नहीं भूले, और जड़ों की ओर वापसी को अलौकिक विषय भी मानते रहे। इसीलिए 'शब्द जो कि रोटी और शराब हैं' नेरूदा की कविता में कभी अवमूल्यित नहीं हुए। वे 'यो ला कीसे ई या वेसेस येय्या ताम्बियेन मी कीसो' (मैंने उससे प्यार किया और कभी-कभी उसने भी मुझसे किया प्यार) जैसी पंक्तियाँ भी लिख पाए और 'एक्सप्लीसो अल्मुनास कोसास' ('मैं कुछ चीज़ों को समझाता हूँ') जैसी कविताओं और बंदूकों के साथ सड़कों पर घूमते भी रहे : ''तुम पूछोगे कि तुम्हारी कविता/हमें क्यों नहीं बतलाती/नींद, पत्तियों के बारे में, तुम्हारी मातृभूमि के/भीषण ज्वालामुखियों के बारे में/आओ, और देखो/सड़कों पर रक्त/आओ, और देखो रक्त/सड़कों पर!'' (प्रभाती नौटियाल द्वारा मूल स्पानी से अनूदित कविता का अंश।)

नेरूदा मनुष्य की नियति के रहस्य को बेधते हुए, अपनी कविता में न सिर्फ़ प्रकृति से, बल्कि अपने समय से और भौतिकवादी आधुनिकता से भी मुठभेड़ करते हैं। वे पृथ्वी पर मनुष्य के जन्म से जुड़ी आदम और हौव्वा के वर्जित फल खाने और स्वर्ग के बाग़ से निकाले जाने जैसी मिथक कथाओं के भ्रमजाल को हटाते-साफ़ करते हुए स्त्री और पुरुष को उसकी अपनी नियति के सच्चे ईश्वर के रूप में प्रतिष्ठित करते हैं। नेरूदा एक ओर यदि शब्द को अतीत के संपर्क सूत्र के रूप में बरतते हैं, तो ठीक अगले बिंदु पर उसे जीवन-रस से लबरेज़ प्याले की शक्ल में अपने पाठक या श्रोता के सम्मुख प्रस्तुत करते हैं। और इस तरह वे इलियट की हठ के बावजूद, अपने को उनके स्नानागार में बंद करके, इलियट की कविता के प्रभाव से अपनी कविता को बचा लेते हैं। न बचा पाते, तो वे भी अपनी काव्यकृतियाँ महज दूसरे कवियों के लिए छपाकर, चुपके से उनकी जेबों में खिसकाकर इलीट कवियों की जमात में एक कवि-भर होते। वैसे कवि हमारी हिंदी में आज इफ़रात में हैं।

नेरूदा भी अपनी कविता में मनुष्य की नियति से जुड़े अनेक दार्शनिक प्रश्न करते हैं, लेकिन उनके प्रश्न 'प्रश्नोपनिषद' में सौर्यायणि गार्ग्य द्वारा पिप्पलाद मुनि

से पूछे गए—''एतस्मिन्पुरुषे कानि स्वपन्ति कान्यस्मिञ्जाग्रति कतर एष देवः स्वप्नान्पश्यति कस्यैतत्सुखं भवति कस्मिन्नुसर्वे संप्रतिष्ठिता भवन्तीति''—प्रश्न जैसे नहीं होते। वे अलौकिक ज्ञान की बजाय मानव जीवन के लौकिक दर्शन की बात करते हैं। यथा : ''कहाँ छोड़ आता है उकाब अपनी कटार/जब किसी बादल पर आराम फरमाता है?''...''क्यों चलता-फिरता हूँ मैं बिना किसी अपेक्षा के/चुपचाप खड़ा क्यों नहीं रहता?...और भला क्यों करनी चाहिए मुझे देशांतरण की चर्चा/अगर मेरी हड्डियाँ चीले में रहती हैं?'' ''अगर आत्मा मुझसे दूर जा पड़ी है/तो यह ठठरी मेरे साथ क्यों लगी है?'' अथवा ''ऋतुओं को यह बात पता चलती कैसे/वक़्त कमीज़ बदलने का आ पहुँचा है?/कैसे भला जान पातीं यह बात जड़ें/उन्हें प्रकाशोन्मुख पथ पर चढ़ना होगा?''

नेरूदा का यह लौकिक जीवन-दर्शन ही उनकी कविता का सत्य, सौंदर्य और ईश्वर (हाँ, ईश्वर भी!) है। इसी जीवन-दर्शन ने उनकी कविता को खरादियों, राजमिस्त्रियों, बढ़इयों, खान मजदूरों, नानबाइयों और नाविकों से जोड़ा, तो दूसरी ओर निकानोर पार्रा जैसे बाद के कवियों के आदर्श के रूप में महिमामयी बनाया। यहाँ नेरूदा से संदर्भित पार्रा का एक प्रसंग याद करना रोचक होगा। कोई डेढ़ दशक पहले, भारत भवन (भोपाल) के एक आयोजन में भाग लेने पार्रा हिंदुस्तान आए, तो वापसी में, अन्य अनेक बड़े कवियों के साथ, दिल्ली भी रुके। पार्रा की कविता से मेरा संपर्क 1970 के दशक के शुरू सालों में ही बन चुका था और उनकी कई कविताएँ तब तक अनूदित भी कर चुका था। उनसे मिलने के दौरान, उन अनूदित मसौदों के साथ, मैंने पार्रा के हस्ताक्षर, स्मृति-चिह्न के रूप में सहेजने चाहे। पार्रा ने मेरी नोटबुक के निर्दिष्ट पृष्ट पर हरी रोशनाई वाले क़लम से दिल का एक रेखाचित्र बनाया, उसके भीतर 'लव' लिखा और अंग्रेजी के कैपिटल लेटर्स में पाब्लो नेरूदा का नाम लिखकर अपने हस्ताक्षर किये। अपने हस्ताक्षर के साथ पाब्लो नेरूदा के नामोल्लेख का उनका तर्क था : ''अगर नेरूदा न होते, तो एक कवि के रूप में मैं भी न होता। मैं ही क्यों, स्पानी में लिखी गई बहुत सारी कविता वैसी न होती, जैसी है और जिसे आप पढ़ते, सराहते, प्यार करते हैं—मूल भाषा न जानने के बावजूद!''

एक कवि के रूप में पाब्लो नेरूदा बीसवीं सदी की कविता के महासागर हैं, जिसमें सीपी, शंख, मुक्ता, प्रवाल, इंद्रधनुषी आभावाली झलमलाती मछलियों के साथ ऐसा भी बहुत कुछ है जो अलौकिक विषयों में रुचि रखनेवालों की सौंदर्य-दृष्टि को रास नहीं आता।

—सुरेश सलिल

अनुक्रम

बीस प्रेम कविताएँ और विषाद का एक गीत

काव्यानुवाद : मधु शर्मा

"मुझसे हरदम पूछा जाता है कि 'बीस प्रेम कविताएँ और विषाद का एक गीत' (वीयेन्ते पोयमास दे आमोर य उना कांसिओन देसेस्परादा : ट्वेंटी लव पोएम्स एण्ड ए सॉंग आफ़ डिस्पेयर') की स्त्री कौन है! यह एक मुश्किल सवाल है। इन विषादयुक्त और भावनाप्रवण कविताओं के अंतर्वाह्य में सन्निविष्ट दो स्त्रियाँ 'मारिसोल' और 'मारिसोम्ब्रा' : सागर और सूर्य, सागर और उदासी से मेल खाती हैं। मारिसोल, यानी जादुई प्रभाव वाले ग्राम्य परिवेश से जुड़ा प्रेम, जिसकी रातें गहरे उभार वाले सितारों से भरपूर हैं, और निगूढ़ आँखें तेमुको के गीले आसमान जैसी। वह लगभग प्रत्येक पृष्ठ पर अपनी संपूर्ण आनंदमयता और सप्राण सौंदर्य के साथ प्रकट होती है—पहाड़ों पर चमकते अर्धचन्द्र और बन्दरगाह के समुद्र से घिरी। मारिसोम्ब्रा, यानी एक शहरी विद्यार्थी। मुक्त कल्पनाओं और निर्बंध पाँवों वाले मेरे छात्र-जीवन की भूरी टोपी, बहुत सौम्य आँखें, हर पल आसपास तिरती रहने वाली मधुलवंग की सुवास। शहर के एकान्त कोनों-रास्तों में होने वाली भावावेगमय मुलाक़ातों की भौतिक प्रशान्ति।..."

—पाब्लो नेरूदा

स्त्री देह

स्त्री-देह, सफ़ेद पहाड़ियाँ, उजली रानें
तुम बिलकुल वैसी दिखती हो जैसी यह दुनिया
समर्पण में लेटी–
मेरी रूखी किसानी देह धँसती है तुममें
और धरती की गहराई से लेती एक वंशवृक्षी उछाल।

अकेला था मैं एक सुरंग की तरह, पक्षी भरते उड़ान मुझमें
रात मुझे जलमग्न कर देती अपने परास्त कर देने वाले हमले से
खुद को बचाने के वास्ते एक हथियार की तरह गढ़ा मैंने तुम्हें,
एक तीर की तरह मेरे धनुष में, एक पत्थर जैसे गुलेल में

गिरता है प्रतिशोध का समय लेकिन, और मैं तुझे प्यार करता हूँ
चिकनी हरी काई की रपटीली त्वचा का, यह ठोस बेचैन जिस्म दुहता हूँ मैं
ओह! ये गोलक वक्ष के, ओह! ये कहीं खोयी-सी आँखें,
ओह! ये गुलाब तरुणाई के, ओह, तुम्हारी आवाज़ धीमी और उदास!

ओ मेरी प्रिया-देह! मैं तेरी कृपा में बना रहूँगा
मेरी प्यास, मेरी अन्तहीन इच्छाएँ, ये बदलते हुए राजमार्ग!
उदास नदी-तलों से बहती सतत प्यास और पीछे हो लेती थकान,
और ये असीम पीड़ा!

प्रकाश ढाँपता है तुम्हें

ढँक देता है प्रकाश अपनी मरणशील दीप्ति से तुम्हें
अनमने फीके दुख खड़े हैं उस राह
साँझ की झिलमिली के पुराने प्रेरकों के विरुद्ध
वे लगाते चक्कर तुम्हारे चारों तरफ़

वाणी रहित, मेरी दोस्त, मैं अकेला
अकर्मण्य समय के इस एकान्त में
भरा हूँ उमंग और जोश की उम्रों से,
इस बरबाद दिन का निरा वारिस

सूर्य से गिरती है एक शाख फलों से लदी, तुम्हारे गहरे पैरहन पर
रात की विशाल जड़ें अँकुआतीं तुम्हारी आत्मा से अचानक
तुममें छिपी हर बात आने लगती है बाहर फिर से
ताकि तुम्हारा यह नीला-पीला नवजात मनुष पा सके पोषण!

ओ श्याम-सुनहरे का फेरा लगानेवाले वृत्त की
भव्य, उर्वर और चुम्बकीय सेविका
उठो, अगुवाई करो और लो अधिकार में इस सृष्टि को
जो इतनी समृद्ध है जीवन में कि इसका उत्कर्ष नष्ट हो जाने वाला है
और यह उदासी से भरी है।

चीड़ों का विस्तार

अहा! चीड़ों का विस्तार, सरसराहट टूटती लहरों की,
रोशनियों का धीमा खेल, अकेली घण्टी
साँझ की झिलमिली गिरती है तुम्हारी आँखों में, गुड़िया,
और भूपटल पर, जिसमें यह धरती गाती है!

गाती हैं तुममें नदियाँ और मेरी आत्मा खो जाती है उनमें
जैसा चाहती हो तुम वैसा भेज देती हो इसे जहाँ चाहे
तुम्हारी उम्मीद के धनुष पर लक्ष्य करता हूँ अपनी राह
और एक उन्माद में छोड़ देता हूँ अपने तरकश के सारे तीर

हर तरफ़ से देखता हूँ धुंध से ढँका तुम्हारा कटिप्रदेश,
तुम्हारी चुप्पी पकड़ लेती है मेरे दुःखी समय को;
मेरे चुम्बन लंगर डाल देते हैं
और घरौंदा बना लेती है मेरी एक विनम्र इच्छा
तुम्हारे भीतर, स्फटिक पत्थर-सी तुम्हारी पारदर्शी भुजाओं के पास

आह! भेद-भरी तुम्हारी आवाज़, जो प्रेम करती है
मृत्यु-सूचनाओं के घंट-निनादों से, और उदास हो जाती है
अनुगूँजित मरती हुई शाम में!
एक दुर्बोध समय में, इस तरह मैंने देखा खेतों के पार,
गेहूँ की बालियों को राहदारी करते हुए हवा के मुख में।

सुबह है भरपूर

सुबह है भरपूर झंझावात से
ग्रीष्म के हृदय में

मेघ करते हैं यात्रा विदा के सफ़ेद रूमालों की तरह,
सफ़री हवा लहराती उन्हें अपने हाथों में

असंख्य दिल हवा के धड़कते
हमारी प्यारी-सी चुप्पी के ऊपर

पेड़ों के बीच दिव्य
और वाद्यवृन्दीय-सा कुछ गूँजता
युद्धों की भाषा और गीतों जैसा

एक फ़ुर्तीले धावे के साथ
बहा ले जाती हवा पीले पत्तों को
और मोड़ देती पक्षियों के फड़फड़ाते तीर

एक लहर में लरज कर गिरा देती हवा
शाख से रहित, उत्साह में झुकी
उस भारहीन दृढ़ता को

उसके ढेर सारे चुम्बन सेंध लगाते,
टूट पड़ते वे गरमी की हवा के दरवाज़े में
और डूब जाते।

ताकि तुम मुझे सुन सको

ताकि तुम सुन सको मुझे
मेरे शब्दों को
कभी-कभी वे होते विरल
समुद्री चिड़ियों के पदचन्हों-से समुद्र तटों पर

यह गलहार मदमस्त घण्टी,
छैलकड़ी तुम्हारे अंगूरी नरम हाथों के लिए

और मैं देखता अपने शब्दों को एक लम्बी दूरी से
मुझसे बहुत अधिक वे तुम्हारे हैं,
लता की तरह मेरी पुरानी पीड़ाओं पर वे करते आरोहण

जो चढ़ती सीलन-भरी दीवारों पर इसी तरीक़े से,
इस निष्ठुर क्रीड़ा के लिए दोषी हो तुम,
वे निकल भागते मेरे उदास-अँधेरे बिछौने से,
सब कुछ भर देती हो, तुम भर देती हो सब कुछ

तुमसे पहले आबाद कर देते हैं मेरे शब्द
उस एकान्त को, जहाँ तुम जगह लेती हो,
और तुम्हारी बनिस्बत मेरी उदासी में अधिक काम के हैं वे!

अब मैं उन्हें कहना चाहता हूँ जो मैं चाहता रहा हूँ तुम्हें कहना
सुनने के लिए तैयार करते हुए कि; मैं चाहता हूँ तुम सुनो मुझे

व्यथा की हवाएँ चुपचाप खींच ले जाती हैं हमेशा की तरह
कभी-कभी सपनों के तूफ़ान निश्शब्द खटखटाते हैं उन्हें
तुम ध्यान देती हो दूसरी आवाज़ों पर मेरी दुखभरी अभिव्यक्ति के बीच
जैसे पुराने सुने शोकगीत, पुरानी प्रार्थनाओं के स्वभाव, कुल-गोत्र

प्यार करो मुझे मेरी साथी, यूँ त्यागो नहीं,
अनुसरण करो मेरा, मेरी मित्र, दुख की इस तेज़ लहर में।

पर मेरे शब्द तो तुम्हारे प्रेम से रँगे हैं
घेर लिया है सब कुछ तुमने, तुमने घेर लिया सभी कुछ

रच रहा हूँ उन्हें एक अन्तहीन माला में
तुम्हारे गोरे अंगूरों-से चिकने हाथों के लिए।

याद करता हूँ तुम्हें

याद करता हूँ तुम्हें; जैसी तुम थीं पिछले पतझड़ में,
भूरी किसानी टोपी पहने, और हृदय था शान्त
तुम्हारी आँखों में जूझती थी गोधूलि की दीप्ति
और झरते थे पत्ते तुम्हारी आत्मा के जल में

बेल की तरह जकड़े थीं तुम मेरी बाँहों को
पत्तों ने जज़्ब कर ली थी तुम्हारी आवाज़
जो धीमी और शान्त थी।
विस्मय के अलाव में जलती थी मेरी प्यास
एक मधुर नीलमणि मेरी आत्मा पर लिपटती रही

महसूस करता हूँ तुम्हारी आँखें सफ़र करती हुई
और पतझड़ अभी दूर है :
भूरी किसानी टोपी...
चिड़ियों की चहक जैसी तुम्हारी आवाज़
और दिल एक घर के जैसा,
उन्हीं सबकी तरफ़ चल पड़ीं
मेरी सघन इच्छाएँ तीव्र
और मेरे हर्षित चुम्बन अंगारों की तरह गिर पड़े

आसमान जैसे जलपोत से, पहाड़ियों से जैसे खेत
तुम्हारी याद आती इस रोशनी, धुएँ और शान्त तालाब से,
शामें जलती थीं तुम्हारी आँखों से कहीं दूर...

सूखे पत्ते पतझड़ के चक्कर काटते थे
तुम्हारी आत्मा के भीतर।

झुकते हुए साँझों में

साँझों में झुकते हुए मैं फेंक देता हूँ अपने उदास जाल
तुम्हारी महासागरी आँखों की तरफ़

उच्चतम प्रदीप्ति में और अधिक बढ़ जाता है मेरा एकान्त
और धधकने लगता है,
इसकी बाँहें तब्दील हो जातीं डूबते आदमी की बाँहों में।

मैं लाल संकेत भेजता हूँ तुम्हारी अनुपस्थित खोई हुई आँखों के पास
जो प्रकाश-स्तम्भ के क़रीब समुद्र की तरह हिलती हैं।

तुम उदास रहती हो, ओ मेरी दूरस्थ प्रिया,
तुम्हारे ध्यान से उभर आते हैं कभी-कभी आशंका के समुद्र तट।

दिन के तीसरे प्रहरों में प्रवृत्त होता हुआ मैं
पटक देता हूँ अपने दुखद जाल
समुद्र की दिशा में, जो आघात करता है तुम्हारी गहरी नीली आँखों पर।

मेरी आत्मा की तरह दमकते प्रथम सितारों पर
रात्रि के पक्षी चोंच मारते हैं जब मैं प्रेम करता हूँ तुम्हें।

पृथ्वी पर नीले फुँदनों का छप्पर तानती रात
सरपट दौड़ रही है अपनी मायावी घोड़ी पर।

गोरी मधुकरी

ओ गोरी मधुकरी, शहद से मदमस्त तुम गुनगुनाती हो मेरी आत्मा में
और तुम्हारी उड़ान साँस लेती है धीमे सर्पिल धुएँ के बीच

कोई उम्मीद नहीं मुझे, मेरे शब्द की प्रतिध्वनियाँ नहीं कोई
ऐसा शख़्स मैं कि जिसने खो दिया सब कुछ, और सभी कुछ है पास जिसके

ओ आखिरी डोर सहारे की! मेरी अन्तिम इच्छाएँ चरमराती हैं तुममें
मेरी बंजर भूमि में अन्तिम गुलाब हो तुम
ओह तुम! कितनी ख़ामोश!

बन्द रखो अपनी गहरी आँखें, एक रात मँडराती है वहाँ
ओह! तुम्हारी देह एक भयभीत मूरत, उघड़ी हुई

तुम्हारी गहरी आँखों में रात है मूसलाधार
शीतल भुजाएँ फूलों की और एक गोद गुलाब की

गेहुँएँ शंख रो तुग्हारे वक्ष
सगुन की एक तितली सोने आ पहुँची है तुम्हारी कोख में

ओह! तुम कितनी चुपचाप!

यह निर्जन है; जिससे ग़ायब हो तुम
बारिश हो रही है और समुद्री हवा शिकार कर रही है भटके भोले पंछियों का

गीली गलियों में नंगे पाँव चलता है पानी
और शिकायत करते हैं पत्ते पेड़ से—
गोया बीमार हों

गोरी मधुकरी! तुम्हारे जाने के बाद भी
गूँजती रहोगी तुम मेरी आत्मा में
समय में तुम बनी रहोगी फिर भी इकहरी और चुपचाप
ओह! तुम कितनी ख़ामोश!

चीड़ों के साथ मदमस्त

चीड़ों और गहरे चुम्बनों से मदमस्त
गरमी की ऋतु-सा मैं चलाता हूँ
द्रुतगामी जहाज़ उम्मीदों के
मुड़ता हूँ कष्ट भरे दिन के अवसान की तरफ़
जो चिपका है मेरी सघन समुद्री उत्तेजनाओं के भीतर

फीका करता और फटकारता हूँ अपने क्षुधातुर जल को
गश्त लगाता हूँ समुद्र की तीखी गन्ध और खुली आबोहवा में
धूसर पहनावे और तीखी आवाज़ों की धज में हूँ अभी तक
और किसी अकेली परित्यक्त-सी टहनी के उदास शिखर पर

आवेगों से कठोर मैं सवार हो जाता हूँ
जलती-बुझती, चाँद और सूरज की किसी लहर पर
अचानक शान्त हुआ भाग्यशाली द्वीपों के स्वर में
जो गोरे और मधुर नितंम्बों जैसे शीतल हैं।

भीगी रातों में थरथराता है मेरे चुम्बनों का वस्त्र
आवेशित हो जाता उन्माद विद्युत तरंगों के साथ
पूरे ओज से बँट जाता सपनों के बीच
गुलाबों को मदमस्त कर देना वह साधता मुझ पर

धारा के उद्गम की ओर, बाहरी लहरों के बीच
तुम्हारी समरूप देह अर्पित हो जाती मेरी बाँहों में
एक मछली की तरह जकड़ लेती मेरी आत्मा को गहरे में
तेज़ और धीमे-से आकाश के नीचे; एक शक्ति के बीच।

जबकि हम खो चुके हैं

हम खो चुके हैं; यह धुँधलका भी
किसी ने नहीं देखा इस शाम हमें साथ-साथ
जबकि उतरी यह नीली रात दुनिया पर क़तरा-क़तरा

अपनी खिड़की से देखा मैंने
सूर्यास्त का उत्सव दूर पहाड़ों के शिखरों पर

कभी-कभी धूप का एक टुकड़ा
जलता था सिक्के-सा मेरे हाथों के बीच

मैंने याद किया तुम्हें उदासी में जकड़ी आत्मा के साथ
जिसे जानती हो तुम,
कहाँ थी तुम उस वक़्त?
कौन था तुम्हारे साथ, क्या कहता हुआ?

क्यों मुझ पर तारी हो जाता है अचानक
इतना सारा प्रेम
जब मैं होता हूँ उदास
और महसूस करता हूँ तुम्हें कहीं दूर
किसी और स्वप्निल लोक में?

किताब गिरती और पलट जाती है हमेशा साँझों की तरफ़
और लुढ़क जाता मेरा लबादा घायल कुत्ते-सा मेरे पैरों के पास

हमेशा-हमेशा तुम लौट गईं शामों से उस ओर
जहाँ धुँधला प्रकाश मिटा रहा होता है बुतों को धीरे-धीरे।

आसमान के लगभग बाहर

आसमान के लगभग बाहर आधा चाँद
डाल देता है लंगर दो पहाड़ों के बीच
आँखों के बेलदार खराद पर चढ़ा देते हैं मटरगश्त रात को
चलो, देखें, कितने तारे चूर-चूर हुए पोखर में

दुख का एक क्रॉस मेरी आँखों के बीच रच
भाग जाता है चाँद,
नीली धातुओं, धीमे समाघातों की रात
एक सनकी पहिए-सा घूमता है मेरा दिल

दूर से आई एक लड़की, लाई गई बहुत दूर तक
कभी-कभी तुम्हारी झलक कौंध जाती है इस आकाश-तले

गड़गड़ाते तूफ़ान, उत्तेजित चक्रवात पार कर जाती हो तुम
बिना रुके; मेरे दिल के ऊपर से
समाधियों पर से हवा निभा ले जाती है हर तबाही को
और बिखरा देती है तुम्हारे उनींदे पुरखों की राख

उसके दूसरी तरफ़ उखड़ जाते हैं बड़े पेड़
लेकिन तुम, ओ निर्मेघ आकाश-सी बेदाग़ सुन्दरी,
नीलाभ शंका, ओ प्रिया, धान वल्लरी,
यह तुम थीं जिसे रच रही थी हवा ज्योति के पत्तों पर

रात के पहाड़ों के पार, ओ अग्निदाह-सी गोरी कुमुदिनी
आह! मैं नहीं कह सकता कुछ भी

तुम बनी थी सभी कुछ से, मेरा सीना चाक-चाक चाहती हुई,
यही समय है दूसरी राह लेने का, जिस पर वह नहीं मुस्कुराई

तूफ़ान, जिसमें दफ़्न हो चुके घण्टागार, रेतीले भँवर यातनाओं के
क्यों छूना उसे अब, क्यों करना उदास!

ओह, अब चलना उस राह, जो हर बात से दूर जाती है
बिना पीड़ा के, मृत्यु के, सर्दियाँ करती हैं इन्तज़ार साथ-साथ
खुली आँखों से; ओस के शुरू और आख़ीर तक।

काफ़ी है तुम्हारा सीना

काफ़ी है तुम्हारा सीना मेरे दिल के लिए
और मेरे पंख तुम्हारी आज़ादी को
जो सो रहा था तुम्हारी आत्मा के ऊपर
उठ खड़ा होगा मेरे मुख से आकाश की तरफ़

हर दिन का भ्रम है तुममें
ओस की तरह पहुँचती हो तुम प्याली के आकार वाले फूलों की ओर
अपनी उपस्थिति से तुम कमज़ोर बना देती हो दिगन्त को
हमेशा लहरों की जैसी उड़ान में

कह चुका हूँ मैं कि तुमने गीत गाए हवा में
चीड़ों की तरह, मस्तूलों के-जैसे
उन्हीं के जैसी ऊँची और ख़ामोश और उदास
एक जलयात्रा-सी अचानक

पुरानी राहों की तरह तुम बटोरे रहती हो चीज़ें,
अनुगूँजों और विरही पुकारों से आबाद हो तुम,
मैं जागा और अक्सर पक्षी निकल भागे
और प्रवास कर गए,
वे सो रहे होंगे तुम्हारी आत्मा में।

अंकित कर चुका हूँ मैं

रँग चुका हूँ तुम्हारी देह की मानचित्रावली
दाह के कष्टों से

मेरा मुख चला गया है उस पार
एक मकड़ी छिप जाना चाहती है तुममें,
तुम्हारे पीछे, भयभीत, प्यास के हाथों, फिंकी हुई

रात के किनारे पर क़िस्से हैं तुम्हें सुनाने को
प्यारी-उदास गुड़िया!
इसीलिए न...कि तुम दुखी न रह सको—
एक राजहंस, एक पेड़, कुछ दूर के सपने-सी मुबारक बातें,
अंगूरों का मौसम, उनके पकने और फलदार होने का मौसम

एक बन्दरगाह में रहता, एक दिल में बसा हूँ मैं,
वहीं से करता हूँ प्यार तुम्हें,
सपने और ख़ामोशी से कट जाता एकान्त
समुद्र और उदासी के बाड़े में बन्द हुआ।
बेआवाज़, बेसुध, निश्चेष्ट दो खेवटों के बीच

होंठों और आवाज़ के बीच अटका हुआ मर रहा है कुछ
कुछ पक्षी के पँखों वाला, कुछ मन के दुख का,
कुछ जो चित्त से उतर गया
इस तरह जाल नहीं थाम सकते पानी, मेरी प्यारी गुड़िया,
कुछ ही बूँदें बची हैं थरथराती हुई

फिर भी कुछ गाता है इन पल-भर के शब्दों में
कुछ गाता, चढ़ जाता, ऊपर मेरे भूखे मुख पर
ओह! कि मैं होता लायक इतना रच पाता तुम को त्योहार सरीखा
सुख के सारे शब्दों के संग गाता हूँ, जलता हूँ भाग निकलता
एक घण्टाघर-सा पागल के हाथों से

ओ मेरी दुखी नज़ाकत, क्या हो जाता है तुम्हें अचानक
जब मैं पहुँच चुका होता हूँ सबसे अधिक विस्मयाकुल और
तटस्थ पराकाष्ठा तक?

बन्द हो जाता मेरा दिल
रात की पूजा के फूल जैसा।

हर दिन तुम खेलती हो

हर दिन तुम खेलती हो, सृष्टि के उजाले से
फूलों में और पानी में पहुँच जाती हो
तुम, ओ विलक्षण अतिथि!

इस उजले मस्तक से, कहीं अधिक हो तुम
जिसे अपने हाथों के बीच, फलों के गुच्छ-सा हर दिन
थामे रहता हूँ मज़बूती से

विदेह-अनाम-सी कोई नहीं तुम
तब से मैं करता हूँ प्यार तुम्हें
फैला लेने दो मुझको पीले गजरों के बीच तुम्हें

दक्षिण के तारों के बीच
लिख देता कौन तुम्हारा नाम धुएँ के वर्णों में?
जीवन में आने से पहले कैसी थीं तुम
करने दो याद मुझे

शोर मचाती है यकदम यह तेज़ हवा
मेरी बन्द खिड़की पर कैसी ज़ोरों की खड़खड़ है
है जाल ठसाठस आसमान का मायावी मछली से

जाने देतीं हवाएँ उन सभी को देर-सबेर
हटा देती बरसात उनके वस्त्रों को भी

अवज्ञा से निकल भागते पंछी
हवा, ओ हवा
दावा कर सकता हूँ मैं केवल मनुष्य की ताक़त के सम्मुख

घुमा देते झंझावात तीव्र वेग से उदास पत्तों को
और सारी नावें खोल देते; पिछली रात जो बाँधी थीं आसमान से

तुम हो यहाँ, ओह, भाग नहीं गईं तुम
अन्तिम रुलाई तक देना होगा तुम्हें जवाब मुझे
लिपट जाओ मुझसे गोया बहुत डरी हुई हो तुम
कभी-किसी समय भागी थी एक अजनबी छाया
तुम्हारी आँखों के बीच से

अब, अब भी, ओ छुटकी!
तुम ले आईं ये तिनपतिया के .खुशबूदार फूल
इन्हीं के जैसा महकता है तुम्हारा सीना भी

जब यह उदास हवा मचाए है क़त्ले-आम
रंगीन मनचरों पर,
मैं प्यार करता हूँ तुम्हें
और अलूचे-सा तुम्हारा मुख
मेरी .खुशियों का ग्रास बन गया है

कितने कष्ट झेले होंगे तुमने, मेरी आदत पड़ जाने पर
मेरी निष्ठुरता, निःसंग आत्मा
मेरा नाम भेजता रहा तुम्हारे दुखों को बहते हुए घाव
कितनी ही बार हम देख चुके
सुबह के तारों की जलन हमारी आँखों को चूमती हुई
और हमारी सोच के परे धुँधला उजाला
घूमते पंखों में अपनी ऐंठन उधेड़ता रहा

मेरे शब्दों की झड़ी तुम्हें अपने स्पर्शों से सहलाती रही

लम्बे समय तक मैंने प्यार किया तुम्हारी देह की चमकदार सीपी को
और सोचते हुए इस नतीज़े पर पहुँचा
कि दुनिया पर, तुम अपना क़ब्ज़ा किए हो

लाऊँगा मैं तुम्हारे वास्ते पहाड़ों के नीली घंटियों जैसे .ख़ुशनुमा फूल
बादामी रंग के, अनगढ़ देहाती चुम्बनों की टोकरियाँ

जो चेरी के पेड़ों के साथ किया करता है वसन्त
वही चाहता हूँ मैं तुम्हारे साथ करना।

तुम्हारा शान्त होना मुझे अच्छा लगता है

जैसे तुम ग़ैरहाज़िर हो उसी तरह, अच्छा लगता है तुम्हारा शान्त होना
कहीं दूर से सुनती हो तुम मुझे, नहीं छू पाती तुम्हें मेरी आवाज़
लगता है बह चुकी हैं तुम्हारी आँखें
और एक चुम्बन रो गुहरबन्द है तुम्हारा मुँह

सभी चीज़ें भरी हुई हैं मेरी आत्मा से,
तुम चीज़ों से ऊपर उठ रही हो
मेरी आत्मा से भरी हुई,
मेरी आत्मा जैसी हो तुम, एक तितली सपने की
और शब्दों में कह दी गई उदासी-सी

तुम्हारा शान्त होना अच्छा लगता है मुझे
और जान पड़ती हो तुम; दूर कहीं
ध्वनित होता जैसे गा रही हो शोक-गीत
कोई तितली, फ़ाख़्ते की तरह कूकती हुई
तुम सुनती हो मुझे कहीं दूर से
और नहीं पहुँच पाती मेरी आवाज़ तुम तक,
तुम्हारी ख़ामोशी में ठहर जाने को मुझे आने दो

बात करने दो मुझे तुम्हारे अबोलेपन से
यह दीए-सा चमकदार है और अँगूठी-सा सादा
रात की तरह हो तुम अपनी निश्शब्दता में नक्षत्रों के साथ
सुदूर तारे-सी निष्कपट तुम्हारी चुप्पी है

अच्छा लगता है मुझे तुम्हारा शान्त होना
जैसे ग़ैरहाज़िर हो तुम, दूरस्थ और दुखभरी
ख़त्म हो चुकी थीं जैसे तुम,
तक एक शब्द ही; एक मुस्कुराहट ही काफ़ी है
मैं .ख़ुश हूँ, .ख़ुश हूँ कि सच नहीं है वह।

मेरे आकाश में साँझ के उजाले पर

एक बादल-सी हो तुम
साँझ के उजाले पर मेरे आसमान में
तुम्हारा रूप और रंग वे ढब हैं
जिन्हें मैं प्यार करता हूँ

तुम हो मेरी, मेरी
ओ रूपसी मिष्ट अधर वाली
तुम्हारे जीवन में बसते हैं मेरे अन्तहीन सपने

मेरी आत्मा का दीपक रँग देता है तुम्हारे पाँव
मेरी तीख़ी शराब तुम्हारे ओंठों पर
हो जाती है और भी अधिक मीठी :
मेरे साँझ के गीतों को बटोर ले जाने वाली
कितने अकेले सपनों को तुम मान लेती हो मेरा हुआ!

तुम मेरी हो, मेरी
मैं साँझों तक चला जाता हूँ यह चिल्लाता हुआ
हवा, और यह हवा खींच ले जाती है मेरी बेवा हुई आवाज़
मेरी आँखों की गहराई की आखेटक!
तुम्हारी लूटमार शान्त कर देती है
रात की समझ तुम्हारी, जैसे यह सब पानी था

तुम खिंची चली आती हो मेरे संगीत के जाल में मेरी प्यार!
वे उतने ही विशाल हैं जितना यह आकाश

दुख की तुम्हारी आँखों की कोर से
पैदा हुई है मेरी आत्मा
तुम्हारी इन्हीं शोक की भरी आँखों से
शुरू होती है/सपनों की धरती।

यह कविता रवीन्द्रनाथ टैगोर की 'द गार्डनर' की 30वीं कविता का भावानुवाद है।

सोचते, उलझे साये

सोच रहे हैं गहरे एकान्त में उलझे साये
बहुत दूर हो तुम, किसी के भी बनिस्बत बहुत दूर

सोच रहे आज़ाद करते हुए पंछियों को
घुला देते हुए छवियों को
चिराग़ों को दफ़्न करते हुए,
कुहरे के घण्टागार कितनी दूर...वहाँ...ऊपर!

दमघोंटू विलाप, पीस रहीं मायावी उम्मीदें
चुप-चुप है चक्की वाला
तुम पर गिरती है रात मुँह किये नीचा, दूर...शहर से दूर

पराया है तेरा होना; जैसे कोई अजनबी चीज़ मेरे लिए

सोचता हूँ खोज लूँ कोई बड़ा इलाक़ा जीवन का तुमसे पहले
एक रूखा जीवन है मेरा किसी के भी पहले
समुद्र का सामना करती चीख चट्टानों के बीच दौड़ती
मौजें मुक्त हुईं, पगलाईं, बीच समुद्री बौछारों में

उदास भीषण रोष, चीख, यह अकेलापन सागर का
खिंचा चला जाता है आकाश की ओर
हिंसक तरीक़े से सिर के बल

तुम, ओ वामा, क्या थीं तुम वहाँ,
प्रकाश की कोई शहतीर?
हवा की दिशा बताते किसी विशाल पंखे का कोई पर?

तुम इतनी दूर थीं, जितनी दूर हो इस घड़ी भी
जंगल में आग! दाह नीले क्रूसों में
फूँक दो, जला दो, ऊँची करो लौ
रोशनी के दरख़्तों में चिंगारियाँ हैं
ये ढेर हो जाती हैं चटककर
आग...आग
नाचती है मेरी आत्मा आग के छल्लों से झुलसी हुई
कौन बुलाता है? क्या चुप्पी आबाद है अनुगूँजों से?

घरघुसरेपन के घंटे, .खुशियों की घड़ियाँ, एकान्त के पल
इन सबके बीच यह समय मेरा है
हवा गाती है शिकारी भोंपुओं से गुज़रती हुई

इस तरह फूट पड़ने को आतुर रुलाई के आवेग ने
बाँध रखा है मेरी देह को

हलचल है जड़ों के बीच और धावा सारी लहरों का
भटकती रही मेरी आत्मा सुखी, उदास और अन्तहीन

सोचता हूँ गहरे एकान्त में दफ़्न होते चिराग़ो!
कौन हो तुम? तुम हो कौन?

प्रेम करता हूँ तुम्हें

प्रेम करता हूँ तुम्हें/सघन चीड़ों के बीच
हवा सुलझाती है अपने को
चमकता है चाँद फ़ास्फोरस की तरह
घुमक्कड़ पानियों पर

दिन जा रहे एक समान, पीछा करते एक दूजे का

पसर जाती बरफ़ नाचते लोगों के बीच
पश्चिम की ओर से फिसल जाती नीचे
एक चमकीली समुद्री चिड़िया,
कभी-कभी पाल जहाज़ों के, ऊँचे-ऊँचे सितारे

ओह, यह काला क्रूस जहाज़ का
अकेला!

मैं उठ जाता हूँ कभी-कभी भोर ही में
भीगी होती मेरी आत्मा भी
समुद्र करता कोलाहल कहीं दूर...और दोहराता है उसे
यह एक पोताश्रय है जहाज़ों का ठीहा
यहीं करता हूँ प्यार तुम्हें

प्यार करता हूँ तुम्हें यहाँ, और छिपा लेता क्षितिज तुम्हें शून्य में
इन तमाम निरुत्साह चीज़ों के बीच भी मैं करता हूँ प्यार तुम्हें

कभी-कभी मेरे चुम्बन पहुँच जाते उन विशाल जहाज़ों पर
जो पार करते हैं समुद्र, आगमन-निषेध की तरफ़ से
पुराने जर्जर लंगरों की तरह, देखता हूँ मैं अपने को भूला हुआ
उदास हो जाते हैं घाट जब, दुपहरें बाँध दी जाती हैं वहाँ
थकी हुई, भूखी मेरी उम्र बढ़ती, लक्ष्यहीनता की ओर
प्यार करता हूँ उसे, जो नहीं है मेरे पास, कितनी दूर हो तुम...

मेरी घृणा भिड़ जाती है, धीमी साँझ की रोशनियों से
लेकिन रात आती है और गाने लगती है मेरे लिए
चाँद लगाता है चक्कर अपने नियमित सपने का

सबसे बड़ा तारा मुझे तुम्हारी नज़र से देखता है
और जैसे मैं तुम्हें प्यार करता हूँ, हवाओं में, देवदार
गाना चाहते हैं तुम्हारा नाम
अपने पत्तों के साथ तार से सन्देश भेजते हुए।

कपिला-सी भूरी लड़की

सूरज जैसे बनाता है फलों को
धान्य बीजों को करता है भरा-पूरा
सागरमोथा में भर देता है घूँघर
वैसे ही, ओ नाज़ुक, कपिला-सी देह वाली
सूरज भर देता है तुम्हारे भीतर ख़ुशियाँ देह में
चमकदार आँखों और चेहरे में मुस्कुराहट पानी की

एक स्याह, सघन इच्छाओं वाला सूरज गुँथ जाता
तुम्हारी काली, लम्बी चोटी के बटों में
जब फैला कर तानती तुम बाँहें
तुम वैसे ही खेलती हो सूरज से जैसे खेलती नन्हीं नदी से
और दो ताल भेद-भरे तुम्हारी आँखों में छोड़ देता है आदित्य

ओ सुकन्ये चपल मृदुले, ओ भूरी कपिले,
कुछ भी नहीं खींचता मुझे तुम्हारी ओर
हर चीज़ लिए जाती कहीं दूर मुझे, मानो तुम थीं शिखर दुपहरी
उन्मत्त तरुणाई तुम किसी भँवरी की
नशे की अलमस्त लहर, ताक़त गेहूँ की बाली की,
तिस पर मेरा मलिन मन खोजता तुम्हीं को
प्यार करता हूँ तुम्हारी हर्षित देह को
तुम्हारी तरल विरल आवाज़ को

ओ उदास तितली, प्यारी
और ज़रूरी; बिलकुल उसी तरह; जैसे गेहूँ के खेत
और सूरज, जैसे पोस्ता, जैसे पानी।

आज की रात लिख सकता हूँ

लिख सकता हूँ आज की रात
सबसे उदास पंक्तियाँ,
लिखूँ, जैसे—'रात है तारों भरी,
तारे हैं नीले, टिमटिमाते कहीं दूर'

चक्राकार घूमती है रात की हवा आकाश में और गाती है

आज की रात लिख सकता हूँ सबसे उदास कविताएँ
मैंने प्यार किया उसे, कभी-कभी उसने भी किया मुझे प्यार

आज की रात जैसी उन रातों में, बाँहों में थामे होता था उसे मैं
कितनी ही बार चूमा उसे मैंने, इस अन्तहीन आकाश तले

उसने मुझे प्यार किया, कभी-कभी मैंने भी किया उसे प्यार
कोई कैसे न करता उसकी बड़ी-बड़ी शान्त आँखों से प्यार!

आज की रात लिख सकता हूँ सबसे उदास कविताएँ
सोचते हुए कि नहीं है वह मेरे पास

महसूस करते कि खो दिया मैंने उसे
असीम तक जाती इस रात को सुनते
जो उसके बिना है और भी विशाल
चारागाह पर ओस जैसी; आत्मा पर गिरती है कविता

कोई बात नहीं; गर मेरा प्यार सँभाल न सका उसे
यह रात तारों-भरी है और नहीं है वह मेरे साथ

यही कुछ है, सुदूर कहीं गा रहा है कोई
दूर...कहीं...
कहाँ है सुकून मेरी आत्मा को खोकर उसे

उसे खोज पाने की कोशिश में है मेरी नज़र
कि ला सके और...और पास उसे
उसकी राह देखता है मेरा दिल/वह नहीं है पास मेरे,
ठीक वैसी ही रात उन्हीं-उन्हीं पेड़ों पर चाँदी चढ़ाती हुई
उस वक़्त के हम, नहीं रहे वैसे ही

मैं अब उसे नहीं करता प्यार; सच है
लेकिन मैंने उसे कितना किया प्यार!
उसके कानों को छूने के लिए मेरी आवाज़ खोजती थी हवा को

किसी और की/किसी और की होगी वह
जैसे थी वह मेरे चुम्बनों की कभी,
उसकी आवाज़, उसकी दीप्त-देह
अनन्त को देखतीं उसकी गहरी आँखें

अब मैं उसे प्यार नहीं करता; सच है
पर शायद मैं करता हूँ प्यार उसे—
कितना थोड़ा है प्यार, भूलना उसे बहुत दूर तक चलता है

कि आज की रात जैसी उन सारी रातों में
मैं थामे होता था उसे बाँहों में;
नहीं है सुकून मेरी आत्मा को कि इसने खो दिया है उसे

शायद यह अन्तिम दुख है जो वह दे रही है मुझे
शायद ये अन्तिम कविताएँ हैं जो लिख रहा हूँ मैं उसके लिए।

विषाद का एक गीत

तुम्हारी याद उभर आती है मेरे चारों तरफ़ इस रात से
नदी मिला देती है अपना ज़िद्दी विलाप समुद्र के साथ

उजाड़ घाटों-सा, पौ फटने पर,
यह चल देने का समय है, ओह परित्यक्त!

सर्द गुलचेहरे बरसते हैं मेरे सीने पर
तबाही की घोर गुफा ओह, गर्त नरक का

तुममें संचित हैं युद्ध और उड़ानें
तुमसे जगे सुरपाखियों के पंख

निगल चुकीं तुम सब; जैसे दूरियाँ, जैसे समुद्र, जैसे काल
सभी कुछ डूब गया तुममें

यह मुबारक घड़ी थी आक्षेप और आलिंगन की
कुछ कहने-सुनने और चूम लेने की
घड़ी सम्मोहन की, जो चमकती किसी कंदील-सी

आशंका कर्णधार की, एक अन्धे चालक का उन्माद
दुर्दान्त—बेतरतीब अलमस्ती प्रेम की
डूब गया सब कुछ तुममें

धुँधले बचपन में मेरी आत्मा थी उदात्त, तेज़ उड़ानों वाली और घायल
ओह, खोए हुए खोजी, सब कुछ डूब गया तुममें

दुख को तुम करधनी किए हो, चिपके हो इच्छाओं से
चकित दुख से, डूब गया सब कुछ तुममें
माया की दीवारें, मेरी रची, खींचती हैं हाथ
मैं चलता चला परे कर्म और इच्छा के

ओह! यह देह, मेरी अपनी देह!
स्त्री, जिसे प्यार किया मैंने और खो बैठा
इसी भीगी-सी घड़ी में बुलाता मैं तुम्हें
उठाता हूँ अपना गीत तुम्हारे लिए

एक जार की तरह बसा लेती तुम अनन्त कोमलता को
और एक अन्तहीन विस्मृति बिखरा देती तुम्हें एक जार की तरह

द्वीपों का स्याह एकान्त था, ओ प्यार की देवी
तुम्हारी भुजाएँ मुझे वहीं ले गईं भीतर

प्यास और भूख थी और तुम थीं रसीले फल-सी
दुख थे और बरबादियाँ थीं और तुम थीं एक चमत्कार

ओह, प्रिया! धारिणी! नहीं जानता कैसे तुम धारे रहीं मुझे
अपनी आत्मा की धरा में, भुजाओं की रेख में!
कितनी भीषण और छोटी थी तुम्हें पा लेने की मेरी इच्छा
कितनी बेचैन और उत्सुक और लुब्ध

चुम्बनों के क़ब्रिस्तान! अभी भी आग है तुम्हारी क़ब्रों में
जल रही है अभी तक पक्षियों की चोंच-मारी फलदार शाखें,
ओह! यह कुतरा हुआ फल-मुख, ये चूम ली गई अंग-शाखें
ये क्षुधा-पीड़ित दाँत, ये देहें लिपटी हुई

ओह! उम्मीद और प्रयास का यह उन्मत्त संयोजन
जिसमें विलीन हुए हम और निराश हुए
और यह कोमलता चंचल जैसे पानी और जैसे...जैसे आटा
और मुश्किल से ही शुरू हुए शब्द ओंठों पर

यह मेरी नियति थी और इसी में थी मेरी चाहनाओं की यात्रा
मेरी इच्छाएँ गिरीं और डूब गया सब कुछ तुममें,

ओ गर्त दुःखों के, सब कुछ गिर जाता तुममें,
कौन सा दुख है जो तुमने नहीं कहा?
किन लहरों ने नहीं डुबाया तुम्हें, किया नहीं अभिभूत?
बड़ी से बड़ी लहर को भी बुला भेजा तुमने, गाए गान
खड़ी हो एक नाविक-सी जहाज़ के अगले हिस्से में

अभी भी तुम खिलती हो फूलों में
धाराओं के बीच लगाती हो सेंध अभी भी
खुले और कटु-तिक्त बहुत, ओ गर्त दुखों के!
निस्तेज अन्धे नाविक, अभागे चालक,
भटके हुए खोजी, डूब गया सब कुछ तुममें

यह घड़ी है विदाई की मुश्किल और सर्द
बाँध देती है रात जिसमें सभी समय-सूचियाँ

सरसराहट भरा इलाक़ा समुद्र का घेरे है किनारे को
लहराते हैं सर्द सितारे, काली चिड़ियाँ कर जातीं प्रवास

उजाड़; जैसे घाट पौ फटने पर
बस काँपती छायाएँ ऐंठ रहीं मेरे हाथों के बीच

ओह किसी भी चीज़ के बनिस्बत बहुत-बहुत दूर
ओह बहुत-बहुत दूर किसी के भी बनिस्बत

यह घड़ी है चल पड़ने की, ओ चल देने वाले!

नायक के गीत

काव्यानुवाद : सुरेश सलिल

'नायक के गीत' (लॉस वर्सोस देल कपितान : दि कैप्टेंस वर्सेस) का स्थान पाब्लो नेरूदा की कविताओं में सर्वोपरि है। इनके केंद्र में है मतिल्दे उरुतिया नाम की एक चिलियन स्त्री, जो कई सालों तक नेरूदा की प्रेमिका की भूमिका सफलतापूर्वक निभाने के बाद अन्ततः उनकी तीसरी और अन्तिम पत्नी बनी। नेरूदा के अत्यंत सम्वेदनशील भावनालोक में मतिल्दे की हैसियत का अनुमान इसी से हो जाता है कि 'नायक के गीत' के उपरान्त, नेरूदा ने मतिल्दे के प्रति अपनी प्रेमाभिव्यक्ति के रूप में एक और काव्यकृति 'सीयेन सोनेतोस दे आमोर' (वन हंड्रेड लव सॉनेट्स) की रचना भी की। स्वयं नेरूदा के शब्दों में—"वह मेरे लिए धरती में से—अपने पैरों, अपने हाथों, अपनी आँखों और अपनी आवाज़ से—सारी जड़ें, सारे फूल, मीठी .ख़ुशबू वाले .ख़ुशियों के सारे फल निकाल कर लाई, " और वह "मेरे गान आवाज़ की भरपूर उठान के साथ गाती है।"

नेरूदा के अनुसार 'नायक के गीत' की कविताएँ योरोप के उनके निर्वासन काल में, यहाँ-वहाँ भटकते हुए लिखी गईं। लेकिन सच यह भी है कि इस संग्रह की अधिकांश कविताएँ नेरूदा ने इटली के केप्री द्वीप के अत्यंत शांत और सुरम्य प्राकृतिक परिवेश में रचीं और मतिल्दे के प्रति कवि के अकूत प्रेम, चीले से जुड़ी गृहासक्ति और सामाजिक चेतना की धुन से इनकी विषयवस्तु विकसित हुई।

'नायक के गीत' का प्रथम प्रकाशन 1952 में नेपल्स में हुआ—कुल 50 प्रतियों का सीमित संस्करण, रचयिता-कवि के नामोल्लेख के बिना। प्रकाशन के साथ ही एक ओर जहाँ अपनी अछूती, उत्कट और टटकी अभिव्यक्ति के कारण इसकी कविताएँ भावनाप्रिय काव्यरसिकों के बीच बेहद लोकप्रिय हुईं, वहीं अफ़वाहों, सन्देहों और आलोचनाओं का वातावरण भी यक् ब यक् बहुत गरमा उठा। इस दृष्टि से इसे नेरूदा की अत्यन्त विवादास्पद कृतियों

में से भी एक माना जा सकता है। आरोप लगाया गया, कि पार्टी (कम्युनिस्ट पार्टी) चूँकि इसके विरुद्ध है और इसे मान्यता देने को क़तई तैयार नहीं है, इसीलिए इसके रचयिता-कवि का नाम गुप्त रखा गया है। नेरूदा कहते हैं, "यह रहस्य लम्बे अरसे तक बरक़रार रहा। लम्बे अरसे तक 'नायक के गीत' के आवरण पर मेरा नाम नहीं छपा, मानो मैं इसे अपना मानने से इन्कार कर रहा होऊँ, या जैसे खुद किताब को पता न हो कि उसका लिखनेवाला, उसका सृष्टा या पिता कौन है। नैसर्गिक बच्चे भी होते हैं–नैसर्गिक प्रेम का प्रतिफल। इन अर्थों में 'नायक के गीत' एक नैसर्गिक किताब के रूप में सामने आई।" पार्टी की नाराज़गी सम्बन्धी उड़ाई गई अफ़वाह के बारे में नेरूदा का कहना है, "यह सच नहीं था। सौभाग्यवश मेरी पार्टी सौंदर्याभिव्यक्ति के विरुद्ध नहीं है। यथार्थ यह है कि मैं इन कविताओं के जरिए देलिया को, जिसे मैं छोड़ने वाला था, ठेस नहीं पहुँचाना चाहता था। देलिया देल कारिल, अत्यंत मधुर और सौम्य पत्नी, जो मेरी कविता की सर्वोच्च उड़ान के वर्षों में अपने इस्पात और शहद के धागे से मुझे बाँधे रही, 15 वर्षों तक मेरी आदर्श संगिनी बन कर रही। आकस्मिक और उत्तेजक प्रेम से लबरेज़ यह किताब उसकी सौम्यता पर किसी चट्टान की तरह गिरी होती। यही, सिर्फ़ यही मेरे अनाम रहने का गूढ़, निजी और स्पष्ट कारण था।" नेरूदा और मतिल्दे के क़ानून-सम्मत विवाह के उपरान्त 1963 में ही अन्ततः इस पुस्तक पर कवि के रूप में पाब्लो नेरूदा का नाम छपा।

इस प्रस्तुति में, आकार की सीमा को ध्यान में रखते हुए, मूल काव्यकृति में शामिल कुल 42 कविताओं में से केवल 22 के काव्यानुवाद ही सुलभ कराए जा पा रहे हैं। ये मूल स्पानी पाठ और डोनाल्ड डी. वेल्श के अंग्रेज़ी अनुवादों की सहायता से तैयार किए गए हैं।

धरती, तुम में

नन्हीं गुलाब,
      गुलब्बो!
कभी-कभी,
      ओ नाज़ुक और बे-लिबास,
लगता है
      तुम मेरे हाथ में समा जाओगी
      और मैं तुम्हें, ऐसे, दबोच लूँगा
      और अपने मुँह तक ले जाऊँगा
लेकिन
      एकाएक
मेरे पैर तुम्हारे पैरों को छूते हैं
और मेरा मुँह तुम्हारे होंठों को :
और तुम बड़ी हो गईं!

तुम्हारे कन्धे दो पहाड़ियों की भाँति उठते हुए
तुम्हारे स्तन मेरे सीने पर मटरगश्ती करते हुए
मेरी बाँह मुश्किल से घेर पाती हुई
तुम्हारी अमावसी चाँद जैसी कटि-रेखा को

प्रेम के क्षणों में,
      सागर-जल की भाँति,
            ख़ुद को ढीला छोड़ दिया है तुमने :

मैं बमुश्किल ही आँक पाता हूँ
आकाश की लम्बी-चौड़ी/बड़री आँखें,
और झुक जाता हूँ
तुम्हारे मुख पर–
धरती को चूमने।

महारानी

मैंने तुम्हें नाम दिया है महारानी।
तुमसे ज़्यादा क़द्दावर लोग हैं, ज़्यादा क़द्दावर
तुमसे ज़्यादा खरे लोग हैं, ज़्यादा खरे
तुमसे ज़्यादा .खुशनुमा लोग हैं, .ज्यादा .खुशनुमा

लेकिन तुम महारानी हो

तुम जब गलियों से होकर गुज़रती हो
कोई तुम्हें पहचान नहीं पाता
कोई देख नहीं पाता तुम्हारा बिल्लौरी मुकुट
कोई निरख नहीं पाता लाल-सुनहरा क़ालीन—
जिस पर से होकर तुम गुज़रती हो
वह मायावी क़ालीन

और जब तुम सामने आती हो
सारी नदियाँ मेरे भीतर कल-कल कर उठती हैं
घण्टियाँ आसमान गुँजाने लगती हैं
और समूची दुनिया एक ऋचा की गुंजार से
भर जाती है

सिर्फ़ तुम और मैं
सिर्फ़ तुम और मैं, मेरे प्यार,
उसे सुनते हैं।

कुम्भकार

तुम्हारे समूचे शरीर में
      एक तरह की पूर्णता है
या कि सौम्यता—
      मेरे लिए निर्धारित।

मैं अपना हाथ जब उँचाता हूँ
हर जगह एक फ़ाख़्ते को पाता हूँ
जो मुझे तलाश रहा था, मानो
तुम्हें उस मिट्टी से सिरजा गया हो, प्रिये,
जो मेरे कुम्भकार हाथों के लिए थी।

तुम्हारे घुटने
      तुम्हारी छातियाँ
            तुम्हारी कमर
                  मेरे गुमशुदा हिस्से हैं
किसी प्यासी धरती के खोखल की भाँति
जिसमें से एक आकार निकाल लिया गया हो,
और इकट्ठे
      हम सम्पूर्ण हैं
            एक अकेली नदी की भाँति
                  रेत के एक अकेले ज़र्रे की भाँति।

तुम्हारे पैर

जब मैं तुम्हारे चेहरे को नहीं देख पाता
तुम्हारे पैरों को देखता हूँ

मेहराबदार हड्डी वाले तुम्हारे पैर
छोटे और सख़्त तुम्हारे पैर

जानता हूँ, वे तुम्हें सहारा देते हैं
और यह, कि तुम्हारा फूलों का-सा भार
वे ही उठाए हैं

तुम्हारी कटि और तुम्हारे स्तन
तुम्हारे स्तनाग्रों का दोतरफ़ा जामुनी
तुम्हारी बरौनियाँ; उड़ती हुई
दूर, बहुत दूर
तुम्हारा अनार जैसा चौड़ा-खुला मुँह
तुम्हारे लाल केश
मेरी छोटी मीनार

लेकिन मैं तुम्हारे पैरों को प्यार करता हूँ
महज़ इसलिए
कि वे धरती पर चले
हवा पर चले
सागर-नदी-झीलों पर चले
और चलते रहे—
जब तक मुझे पा नहीं लिया।

तुम्हारे हाथ

तुम्हारे हाथ जब आगे बढ़ते हैं, प्रिय,
मेरे हाथों की तरफ़,
वे उड़ते हुए क्या लाते हैं, मेरे लिए?
क्यों रुक गए थे वे मेरे मुँह पर एकाएक;
क्यों मैं उन्हें पहचानता हूँ?
मानो तब, पहले, मैंने उन्हें छुआ था
मानो वे पहले वजूद में थे
कि मेरे माथे पर से, मेरी कमर पर से
　　होकर गुज़रे?

उनकी कोमलता काल पर
सागर पर, धुएँ पर, वसन्त पर उड़ती हुई आई
और तुमने जब अपने हाथ
मेरे सीने पर रखे
मैंने पहचान लिया उस मिट्टी को
और उस गेहुँए रंग को।

अपनी ज़िन्दगी के सारे साल
मैं उनकी तलाश में भटकता रहा चारों तरफ़—
सीढ़ियाँ चढ़ा
सड़कें लाँघी
ट्रेनें मुझे ले गईं
सागर मुझे लाए,

और अंगूरों के छिलके को छूते हुए लगा
कि मैंने तुम्हें छुआ।
वन ने एकाएक मुझे तुम्हारा स्पर्श सुलभ कराया
बादाम ने मुझे तुम्हारी अप्रकट कोमलता से अवगत कराया–
तुम्हारे हाथ जब तक कि मेरे सीने से सट नहीं गए
और वहाँ
दो पंखों की भाँति
उन्होंने अपनी यात्रा समाप्त नहीं की।

तुम्हारी हँसी

रोटी मुझसे छीन लो, अगर चाहो
हवा छीन लो, लेकिन
अपनी हँसी न छीनना मुझसे।

गुलाब न छीनना मुझसे–
वह नुकीला फूल जिसे तुमने तोड़ा,
पानी जो यक् ब यक्
तुम्हारी ख़ुशी में से फूट निकलता है,
तुममें उठती चाँदी की औचक हिलोर।

कठिन कठोर है मेरा संघर्ष–
थकी और भारी आँखें लिए मैं वापस आता हूँ
कभी-कभी, बेहौसला दुनिया को देखकर,
लेकिन जब तुम्हारी हँसी फूटती है
आसमान तक उठ जाती है मुझे तलाशती हुई
और ज़िन्दगी के सारे दरवाज़े मेरे लिए
खोल देती है।

मेरे प्यार, सबसे काले दौर में भी
प्रकट होती है तुम्हारी हँसी,
और अगर यक् ब यक्
तुम्हें मेरा ख़ून गली के पत्थरों को रँगता नज़र आए,
प्रिये, तुम हँसना–
तुम्हारी हँसी मेरे हाथों के लिए

चमकीली तलवार बन जाएगी।
शरत् में, सागर से नीचे
तुम्हारी हँसी को उसका फ़ेनिल प्रपात
निर्मित करना है
और, वसन्त में, प्रिये,
मैं तुम्हारी हँसी को
अपने प्रतीक्षित पुष्प की भाँति देखना चाहता हूँ,
नीलकुसुम की भाँति,
अपने अनुगुंजित देश के गुलाब की भाँति

हँसो रात पर
हँसो दिन पर,
चन्द्रमा पर हँसो
इस द्वीप की बलखाती गलियों पर हँसो,
हँसो इस बेढंगे बालक पर
जो तुम्हें प्यार करता है,
लेकिन जब मैं अपनी आँखें खोलूँ
बन्द करूँ जब मैं अपनी आँखें,
जब मेरे क़दम बाहर निकलें
जब मेरे क़दम वापस लौटें—
रोटी को बेशक मुझे इन्कार कर देना
हवा, रौशनी, वसन्त को भी चाहे;
लेकिन अपनी हँसी को कभी नहीं...
कभी नहीं,
वरना मैं मर जाऊँगा।

चंचला

मेरी आँखें दूर तक दौड़ती चली गईं
उस साँवली लड़की का पीछा करते हुए
जो ठीक मेरे पास से होकर गुज़री।

काले सीपों से बनी थी वह
गहरे जामुनी अंगूरों से,
उसने अपने सौन्दर्य की लपटों से
उबाल ला दिया मेरे ख़ून में।

जाता हूँ मैं
उन सबके पीछे।

सुनहरे बालों वाली एक लड़की मेरे पास से होकर गुज़री
अपनी नेमतें लहराती हुई
सोने के किसी दरख़्त की भाँति
और मेरा मुँह किसी लहर की भाँति मचल उठा
उफ़नते ख़ून की गाज
उसके सीने पर गिराने के लिए।

जाता हूँ मैं
उन सबके पीछे।

किन्तु, ओ दूरस्थ प्रिये,

बिना मेरे हिले-डुले
बिना तुम्हें देखे
तुम पर न्योछावर है मेरे ख़ून का उबाल,
मेरे चुम्बन,
ओ मेरी साँवली प्रिया, ओ मेरी गोरी प्रिया,
ओ मेरी क़द्दावर प्रिया, ओ मेरी न-कुछ-सी प्रिया,
ओ मेरी प्रसन्नबदना, ओ मेरी कनक-छरी-सी कामिनी,
ओ मेरी कुरूपा, ओ मेरी सुरूपा,
सरापा सोने में ढली
सरापा चाँदी से जड़ी
सरापा गंदुमी बदन
सरापा मिट्टी से गढ़ी
सरापा समन्दर की लहरों सी
झलमल और चंचल
मेरी बाँहों के लिए
मेरे चुम्बनों के लिए
मेरी आत्मा के लिए।

द्वीप पर रात

सारी रात सोया मैं तुम्हारे साथ
सागर की बग़ल में,
　　　　　　　　　द्वीप पर।
उद्दाम और मधुर थीं तुम
चाहत और नींद के दरमियान
आग और पानी के दरमियान।

शायद बहुत विलम्ब से
हमारे सपने संयुक्त हुए
　　　चरम बिन्दु पर या निचान पर,
ऊपर : किसी बंडैल हवा से हिलती डालियों की भाँति
नीचे : सटी हुई लाल जड़ों की भाँति।

शायद तुम्हारा सपना
बिछुड़ गया मेरे सपने से
और निगूढ़ सागर के जरिए
तलाश रहा था मुझे
　　　पहले की भाँति,
जब तुम वजूद में भी नहीं थीं,
जब तुम्हें बिना देखे
　　　गुज़र गया मैं तुम्हारी बग़ल से
और तुम्हारी आँखें तलाशती हुई

रोटी, शराब, प्रेम और ग़ुस्सा–
जो अब
मैं तुम पर लाद रहा हूँ
क्योंकि तुम वह प्याला हो
जो मेरे जीवनोपहारों की प्रतीक्षा में था।

सारी रात सोया मैं तुम्हारे साथ
जबकि उदास धरती
भटभटाती रही ज़िन्दे-मुर्दों के साथ,
और अँधेरे के दरमियान
यक् ब यक् जागने पर मैंने पाया
कि मेरी बाँह तुम्हारी कटि को
अपने घेरे में लिये हुए है।
मुमकिन नहीं हुआ अलगा पाना हमें
रात को; न नींद को।

सारी रात सोया मैं तुम्हारे साथ
और जागने पर
तुम्हारे सपने के प्रतिफल
तुम्हारे मुँह ने दिया मुझे
स्वाद मिट्टी का
स्वाद सागर-जल का
स्वाद शैवाल का, और
तुम्हारी ज़िन्दगी के रंगों की
शोखी का,
और मैंने हासिल किया तुम्हारा चुम्बन
भोर में भीगा–
मानो वह मेरे निकट
चारों ओर से घिरे
सागर में से
उभर कर आया हो।

द्वीप पर पवन

पवन एक अश्व है :
सुनो, कैसे तो दौड़ता है सागर के बीच से,
आकाश के बीच से!

वह मुझे ले जाना चाहता है : सुनो
कैसे मथे डाल रहा है वह दुनिया
मुझे बहुत दूऊऊर ले जाने के लिए!

मुझे अपनी बाँहों में छिपा लो—
सिर्फ़ आज रात-भर को,
जब बारिश टकरा रही है अपना दानवी मुख
सागर से, धरती से।

सुनो, कैसे तो पुकार रहा है मुझे पवन
सरपट दौड़ता हुआ
बहुत दूऊऊर ले जाने के लिए!

सटा लो अपनी भौंहें मेरी भौंहों से
अपना मुँह मेरे मुँह से—
हमारे शरीर जकड़े हुए प्रेम से,
जो हमें बरतता है।

गुज़र जाने दो पवन को
कि वह मुझे ले न जा पाए।

दौड़ता रहे पवन
    फ़ेन से अभिषिक्त,
पुकारता और खोजता रहे मुझे
    अँधेरे में सरपट दौड़ता,
जबकि मैं
    तुम्हारी बड़ी-बड़ी आँखों में निमग्न
विश्राम करूँगा, प्रियतमे,
    सिर्फ़ आज रात-भर।

असीमा

इन हाथों को देखती हो? इन्होंने
धरती नापी है
खनिज निकाले हैं
अन्न उपजाया है
इन्होंने शान्ति स्थापित की है, युद्ध लड़ा है
सभी सागरों और नदियों की दूरियाँ
ध्वस्त की हैं इन्होंने,
तब भी
ये जब तुम्हारी देह पर फिसलते हैं
ओ नन्हीं जान,
ओ गेहूँ के दाने,
ओ अबाबील,
तुम्हें घेर नहीं पाते...
ये थके-माँदे निढाल हाथ
तलाश रहे हैं उन जुड़वाँ फ़ाख़्ताओं को
जो तुम्हारे सीने में आराम फ़रमा रहे हैं, या...
या उड़ रहे हैं।
ये तुम्हारी टाँगों की दूरियों के सफ़र पर हैं
ये तुम्हारी कटि की रोशनी में कुण्डली मारे दुबके हैं।

मेरे लिए तुम एक ख़ज़ाना हो
सागर और उसकी नदियों से कहीं अधिक

असीमता से लदाफदा।
तुम श्वेताभ हो और नीलाभ
और पुराने ज़माने की धरती जैसी खुली-फैली।
उस इलाक़े में–
पैरों से बरौनियों तक के तुम्हारे सूबाई इलाक़े में
चलते-टहलते, चलते-टहलते, चलते-टहलते
मैं अपनी ज़िन्दगी तमाम कर दूँगा।

अनुपमा

ओ अनुपमा,
झरने की शीतल शिला पर जल
जैसी बिखेरता है खुली-फैली फेनिल कौंध
हुबहू वैसी ही है मुस्कान तुम्हारे चेहरे की, दूधिया
ओ अनुपमा।

ओ अनुपमा,
सुकुमार हाथ तुम्हारे और छरहरे पैर
किसी रुपहले टट्टू के-से,
चलते-फिरते हुए, तुम
दुनिया का सबसे .ख़ूबसूरत फूल नज़र आती हो,
इसी धज में लक्ष्य करता हूँ मैं तुम्हें
ओ अनुपमा।

ओ अनुपमा,
सिर पर तुम्हारे ताँबे का एक घोंसला,
रंग उस घोंसले का पुराने-गाढ़े शहद का-सा,
वहीं जलता है मेरा दिल, और सुस्ताता है
ओ अनुपमा।

ओ अनुपमा,
तुम्हारी आँखें बहुत बड़ी हैं तुम्हारे चेहरे के लिए
तुम्हारी आँखें बहुत बड़ी हैं इस पृथ्वी के लिए

देश हैं तुम्हारी आँखों में
नदियाँ हैं तुम्हारी आँखों में
मेरा अपना देश है तुम्हारी आँखों में,
उन्हीं में-से होकर मैं चलता-फिरता हूँ
रौशन करती हैं वे दुनिया को
जिसमें से होकर मैं बिचरता हूँ
ओ अनुपमा।

ओ अनुपमा,
तुम्हारे स्तन, जैसेकि दो पावरोटियाँ
धान्ययुक्त धरती और सुनहरे चाँद से बनीं
ओ अनुपमा।

ओ अनुपमा,
तुम्हारी कटि...
मेरी बाँह ने सवाँरा उसे
        एक नदी की तरह
कि हज़ार सालों से बहती हुई वह
तुम्हारी अलोनी देह में
ओ अनुपमा।

ओ अनुपमा,
बेमिसाल हैं तुम्हारे नितम्ब,
धरती शायद किसी अदृश्य जगह सहेजे है
गोलाई और सुवास तुम्हारी देह की,
शायद किसी जगह,
ओ अनुपमा।

अनुपमा, ओ मेरी अनुपमा,
तुम्हारी आवाज़, तुम्हारी त्वचा, तुम्हारे नाख़ून,
अनुपमा, ओ मेरी अनुपमा,
तुम्हारी हस्ती, तुम्हारी रौशनी, तुम्हारा अँधेरा,

ओ अनुपमा,
मेरा है, वह सब मेरा है, ओ अनुपमा
मेरा है, वह सब मेरा है, ओ मेरी प्रिया!
तुम जब चहलक़दमी करती हो
तुम जब आराम फ़रमाती हो
तुम जब गाती हो
तुम जब सोती हो
तुम जब सहती-झेलती हो
तुम जब सपना देखती हो
हरदम,
तुम जब पास होती हो
तुम जब दूर होती हो
हरदम
तुम मेरी हो, ओ अनुपमा,
हरदम तुम मेरी हो, ओ प्रिया।

चुराई हुई डाली

रात में हम जाएँगे अन्दर
चुराने
एक फूलों-लदी डाली।

चढ़ेंगे हम दीवार पर
पराये बाग़ीचे के अँधेरे में,
दो छायाभास अन्धकार के साये में।

शीतऋतु अभी गई नहीं है
और सेबगाछ अकस्मात्
सुगन्धित सितारों के प्रपात में रूपान्तरित
    नज़र आ रहा है।

रात में हम जाएँगे अन्दर
उसके लरजते महाव्योम तक,
तुम तुम्हारी छोटी बँहियाँ
और मेरी बाँहें
चुराएँगी सितारे।

और दबे पाँव
अपने घर के रुख,

रात के अँधेरे में
तुम्हारे क़दमों के साथ दाखिल होंगे
खुश्बू के खामोश क़दम
और सितारों से दीप्त पैरों के साथ
वसन्त की पारदर्शी देह।

धरती

हरी धरती ने सब कुछ को पीताभ कर दिया है—
सोना, फ़सलें, खेत, पत्तियाँ और अन्न,
किन्तु शरद ऋतु जब उदित होती है
अपनी लम्बी-चौड़ी पताका के साथ
तुम्हें, सिर्फ़ तुम्हें देखता हूँ मैं,
मेरे लिए तो तुम्हारे केश ही हैं, जो
अनखिले फूलों की पंखुड़ियाँ बिलगाते हैं।

देखता हूँ भग्न पाषाणों के प्राचीन स्मारक,
किन्तु यदि छूता हूँ पाषाणों के क्षत-चिन्ह
प्रतिक्रिया होती है मुझमें तुम्हारी देह की,
मेरी उँगलियाँ, सहसा, सिहरती हुई
पहचानती हैं तुम्हारी प्रेमिल सुवास।

मिट्टी और धूल द्वारा हाल ही में सम्मानित
योद्धाओं के बीच से होकर गुज़रता हूँ
और उनके पीछे, मौन,
तुम्हारे नन्हें पदचिन्ह,
यह तुम हो या...नहीं हो तुम?
बीते कल, उन्होंने जब उखाड़ा जड़ समेत
पुराने बौने दरख्त को, परीक्षण के लिए,
तुम्हें देखा मैंने, मुझे निहारते हुए बाहर आते
सन्तापित-प्यासी जड़ों में से।

और जब नींद आती है
बिस्तर पर मुझे लिटाने के लिए
और, मेरे अपने मौन में
मुझे ले जाने के लिए,
कि विनिद्र हवा का एक प्रचण्ड बवण्डर उठता है
और मेरी नींद को तहसनहस कर डालता है
और उसमें से पत्तियाँ गिरती हैं–
छुरियों जैसी पत्तियाँ गिरती हैं मेरे ऊपर
खून में मुझे नहलाती हुई...

और हरेक ज़ख्म
तुम्हारे मुँह की-सी बनावट का होता है।

अनुपस्थिति

शायद ही कभी मैंने तुम्हें भुलाया हो
जब तुम मेरे भीतर मौजूद हो बिल्लौरी पारदर्शिता के साथ
अथवा लरजते हुए
अथवा, अशान्त, मेरे द्वारा आहत
अथवा प्रेम से अभिभूत, जब तुम्हारी आँखें बन्द हों
ज़िन्दगी की सौग़ात पर
जो मैं तुम्हें देता हूँ अविराम।

मेरे प्यार,
हमने पाया है एक दूसरे को प्यासा
और सारा पानी - सारा ख़ून पिया है,
मेरे प्यार,
हमने पाया है एक दूसरे को भूखा
और ग्रास बनाया है एक दूसरे को
जैसे कि दागती है आग
 ज़ख़्म छोड़ते हुए,

किन्तु मेरा इन्तज़ार करो,
बचाए रखो अपनी मिठास
मेरे लिए,
मैं तुम्हें एक गुलाब भी दूँगा।

प्रेम

क्या गड़बड़ है तुम्हारे साथ,
क्या गड़बड़ है हमारे साथ?
यह हो क्या रहा है हमें?
आह, हमारा प्रेम एक ख़ुरदरी रस्सी है
जो हमें बाँधती है और ज़ख़्मी करती है
और अगर हम ज़ख़्मों से छुट्टी पाना चाहें;
अलग होना चाहें ज़ख़्मों से,
तो एक नई गाँठ पेश कर देती है हमारे लिए
और हमें अपना ख़ून बहाने
एक साथ जल मरने की सज़ा देती है।

क्या गड़बड़ है तुम्हारे साथ?
मैं तुम्हारी तरफ़ देखता हूँ और,
बाक़ी सभी आँखों जैसी, दो आँखों के सिवा कुछ नहीं पाता,
एक मुँह उन हज़ार मुँहों में खोया हुआ
        जिन्हें मैंने चूमा है,
        कहीं ज्यादा ख़ूबसूरत,
एक देह, ठीक उन देहों जैसी
जो बिना कोई याद छोड़े
        फ़िसल गई मेरी देह के नीचे से।

और कितनी ख़ाली-ख़ाली कूच-ए-दुनिया से तुम गुज़रीं

किसी गंदुमी मर्तबान जैसी
बेहवा, बेआवाज़, बेमतलब!
बेकार ही मैंने तलाशी तुममें
गहराई अपनी बाँहों के लिए
जिन्होंने अविराम खोजा
धरती के नीचे
तुम्हारी त्वचा के नीचे
तुम्हारी आँखों के नीचे,
किन्तु सब बेकार,
बमुश्किल ही कभी उठा कोई पारदर्शी आवेग
तुम्हारे दोतरफ़ा सीने के नीचे
जिसे नहीं पता
कि गाते-गुनगुनाते हुए
वह क्यों उमड़ता है!
क्यों?...क्यों?...क्यों?
मेरे प्यार,
आख़िर क्यों?

फ़िसलना

अगर फिर फ़िसलता है तुम्हारा पैर
तो वह कट कर अलग हो जाएगा

अगर किसी दूसरी डगर पर ले जाता है
तुम्हें, तुम्हारा हाथ
तो वह सड़-गल कर बेकार हो जाएगा

अगर तुम अपनी ज़िन्दगी मुझसे ले लेती हो
तो तुम जीते-जी मर जाओगी

फिरती रहोगी मारी-मारी, मेरे बिना
बेजान,
        या साये की तरह।

कुआँ

कभी-कभी तुम धँस जाती हो, जा गिरती हो
अपने ख़ामोशी के गड्ढे में
गरबीले ग़ुस्से के अपने खड्ड में
और मुश्किल से ही वापस हो पाती हो
अभी तक उस सबके अवशेष ढोते हुए
अपने वजूद की खाई में
तुमने जो हासिल किया।

मेरे प्यार, क्या मिलता है तुम्हें
अपने अन्धाकुप्प में?
शैवाल, दलदल, चट्टानें?
क्या देखती हो भला अंधी आँखों
नाराज़गी और ज़ख्मों के साथ!

प्रिये, जिस कुएँ में तुम गिरती हो बार-बार
नहीं पाओगी वहाँ वह कुछ
जो मैं सहेजे हूँ तुम्हारे लिए ऊँचाइयों पर :
एक गुलदस्ता ओस-छहरे चमेली के फूलों का
एक चुम्बन; तुम्हारे खड्ड से ज़्यादा गहरा।

डरो नहीं मुझसे,
गिरो नहीं दोबारा

अपने विद्वेष के गर्त में।
परे झटक दो मेरे उस शब्द को
जो आहत करने के इरादे से तुम्हारे निकट पहुँचा,
खुले झरोखे से बाहर उड़ जाने दो उसे।
तुम्हारे मार्ग-निर्देशन के बिना भी
वह लौटेगा मेरे पास
मुझे ज़ख़्मी करने के लिए,
क्योंकि वह एक अप्रिय क्षण से लदा है
और निष्क्रिय होगा वह क्षण
मेरे सीने में ही।

निहाल करो मुझे अपनी उल्लसित मुस्कान से
अगर मेरा मुँह तुम्हें चुटियाता है।
मैं परीकथाओं जैसा शालीन गड़रिया नहीं हूँ
बल्कि एक खरा वनवासी हूँ
जो बाँटता है तुम्हारे साथ
मिट्टी, हवा और...
और पहाड़ी काँटे भी!

प्यार करो मुझे,
ओ मेरी तुम,
मुस्कान बिखेरो मुझ पर,
ताकि मैं एक अच्छा आदमी बन सकूँ।
ठेस मत पहुँचाओ मेरे भीतर सहेजे अपने ख़ुद को,
बेकार होगी वो हरकत,
ठेस मत पहुँचाओ मुझे—
उससे ख़ुद तुम्हें ठेस पहुँचेगी।

सपना

बालू पर चलते हुए
मैने फ़ैसला किया तुम्हें छोड़ने का

मैं एक निगूढ़ चिकनी मिट्टी को रौंद रहा था
जो थरथराई
        और उसमें धँसते-उबरते हुए
मैंने फ़ैसला किया
        कि तुम्हें मुझसे बाहर आना चाहिए
        कि तुम मुझे किसी पाषाण खण्ड की भाँति दबा रही हो,
और मैंने क्रमशः
        तुम्हारी क्षति का योगफल निकाला :
        तुम्हारी जड़ें काट देने का
        हवा में तुम्हें अकेले छोड़ देने का

उसी क्षण,
आह, प्रिये, एक सपना
अपने डरावने डैनों के साथ
        तुम्हें अपनी गिरफ़्त में ले रहा था :

तुमने अपने आप को
        मिट्टी में समाते महसूस किया
तुमने मुझे आवाज़ दी और मैं नहीं आया,

तुम बिना अपना कोई बचाव किए
    धँसती जा रही थीं, निश्चल,
जब तक कि बालू के दलदल में तुम्हारा दम नहीं घुट गया।

उसके बाद मेरे फ़ैसले और तुम्हारे सपने में मुठभेड़ हुई
और उस दरार में से
जो हमारे दिल चाक-चाक किये दे रही थी
हम फिर साफ़-सुथरे निकल आए, विवस्त्र
परस्पर प्यार करते हुए–
सपने से मुक्त, बालू से मुक्त
पूर्ण और प्रफुल्ल,
अग्निमुद्रांकित।

पहाड़ और नदी

मेरे देश में एक पहाड़ है
मेरे देश में एक नदी है

आओ मेरे साथ

रात पहाड़ तक चढ़ती है
भूख नदी तक उतरती है

आओ मेरे साथ

वे कौन हैं जो सहते हैं झेलते हैं?
नहीं जानता, लेकिन वे मेरे लोग हैं

आओ मेरे साथ

नहीं जानता, लेकिन वे मुझे पुकारते हैं
कहते हैं, ''हम मुसीबतें झेल रहे हैं''

आओ मेरे साथ

वे मुझसे कहते हैं, ''तुम्हारे लोग,
तुम्हारे अभागे लोग,

पहाड़ और नदी के दरमियान
भूख और विपत्ति से ग्रस्त।
वे अकेले संघर्ष करना नहीं चाहते
वे तुम्हारा इन्तज़ार कर रहे हैं, दोस्त।"

ओह्, तू, जिसे मैं प्यार करता हूँ,
नन्हीं जान, गेहूँ के लाल दाने,

कठिन होगा संघर्ष
कठिन होगी ज़िन्दगी,
लेकिन तू मेरे साथ आएगी।

ग़रीबी

आह, तुम नहीं चाहतीं—
डरी हुई हो तुम
ग़रीबी से,
घिसे जूतों में तुम नहीं चाहतीं बाज़ार जाना
नहीं चाहतीं उसी पुरानी पोशाक में वापस लौटना

मेरे प्यार, हमें पसन्द नहीं है,
जिस हाल में धनकुबेर हमें देखना चाहते हैं,
तंगहाली।
हम इसे उखाड़ फेंकेंगे दुष्ट दाँत की तरह
जो अब तक इन्सान के दिल को कुतरता आया है

लेकिन मैं तुम्हें
इससे भयभीत नहीं देखना चाहता।
अगर मेरी ग़लती से
        यह तुम्हारे घर में दाख़िल होती है
अगर ग़रीबी
        तुम्हारे सुनहरे जूते परे खींच ले जाती है,
उसे परे न खींचने दो अपनी हँसी
        जो मेरी ज़िन्दगी की रोटी है।
अगर तुम भाड़ा नहीं चुका सकतीं
काम की तलाश में निकल पड़ो

गरबीले डग भरती,
और याद रखो, मेरे प्यार, कि
मैं तुम्हारी निगरानी पर हूँ
और इकट्ठे हम
सबसे बड़ी दौलत हैं
धरती पर जो शायद ही कभी
इकट्ठा की जा पाई हो।

फरहरा

मेरे साथ खड़ी हो!

मुझसे ज़्यादा कोई भी
उस तकिये पर अपना सिर रखे रहना नहीं चाहेगा
जहाँ तुम्हारी पलकें
मेरे लिए दुनिया के सारे दरवाज़े-खिड़कियाँ
बन्द कर देने की कोशिश करती हैं,
वहाँ भी मैं अपने लहू को तुम्हारी मीठी गोद में
सोये रहने देना चाहूँगा।

लेकिन अभी उठो!
उठो, प्रिये,
और मेरे साथ खड़ी हो!...
और हमें साथ-साथ कूच कर देना चाहिए
शैतान के जाल-फ़रेबों से टक्कर लेने के लिए,
टक्कर लेने के लिए उस व्यवस्था से
जो भूख बाँटती है,
टक्कर लेने के लिए संगठित दरिद्रता से

हमें कूच कर देना चाहिए
और तुम, मेरी तारिका, मेरी बग़ल में होगी।
मेरी अपनी मिट्टी की नवजात,
तुम्हें खोज निकालना होगा

गुप्त झरना
और लपटों के बीच
तुम मेरी बग़ल में होगी—
अपनी वहशी आँखों के साथ
मेरा फरहरा उठाये हुए...

अगर तुम जीवित नहीं रहती हो

अगर अचानक तुम कूच कर जाती हो
अगर अचानक तुम जीवित नहीं रहती हो
मैं जीता रहूँगा।

मुझमें साहस नहीं है
मुझमें साहस नहीं है लिखने का
कि अगर तुम मर जाती हो।

मैं जीता रहूँगा।

क्योंकि जहाँ किसी आदमी की कोई आवाज़ नहीं है
वहाँ मेरी आवाज़ है।

जहाँ अश्वेतों पर प्रहार होते हों
मैं मरा हुआ नहीं हो सकता।
जहाँ मेरे बिरादरान जेल जा रहे हों
मैं उनके साथ जाऊँगा।

अब जीत,
मेरी जीत नहीं,
बल्कि महान जीत
हासिल हो,

भले मैं गूँगा होऊँ, मुझे बोलना ही है :
देखूँगा मैं उसका आना, भले मैं अंधा होऊँ।

नहीं, मुझे माफ़ कर देना
अगर तुम जीवित नहीं रहती हो
अगर तुम, प्रियतमे, मेरे प्यार, अगर...
अगर तुम मर चुकी हो

सारे के सारे पत्ते मेरे सीने पर गिरेंगे
धारासार बारिश मेरी आत्मा पर होगी रात-दिन
बर्फ़ मेरा दिल दागेगी
मैं शीत और आग और मृत्यु और बर्फ़ के साथ चलूँगा
मेरे पैर, तुम जहाँ सोई हो, उस रुख़ कूच करना चाहेंगे,
लेकिन मैं जीता रहूँगा
क्योंकि तुम, सब कुछ से ऊपर, मुझे अदम्य देखना चाहती थीं
और क्योंकि, मेरे प्यार, तुम्हें पता है
मैं महज एक आदमी नहीं, बल्कि समूची आदमज़ात हूँ।

मैं कई बार मर चुका हूँगा...

(मरणोपरान्त प्रकाशित कविताएँ)

काव्यानुवाद : सुरेश सलिल

पाब्लो नेरूदा की मरणोपरान्त प्रकाशित काव्यकृतियों से ली गई कविताओं के इस खण्ड का नामकरण कवि शमशेर बहादुर सिंह के एक शे'र के पहले मिसरे पर करने के अपने गहरे आशय हैं। स्वयं नेरूदा ने भी कवि के कृतित्व को बिल्ली की नौ ज़िन्दगियों के समतुल्य माना है। नेरूदा के निधन के उपरान्त उनकी अनेक काव्यकृतियाँ प्रकाशित हुईं और उनकी एक सर्वथा भिन्न क़िस्म की, अलग तरह की मनोभूमि और काव्य-भाषा वाली, कविता सामने आई। उन्हीं में से कवि की छह स्वतन्त्र कविताएँ और एक काव्यशृंखला 'सप्रश्न कविताएँ' (अंशतः) यहाँ दी जा रही हैं। प्रथम आठ कविताओं के अनुवाद मूल स्पानी पाठ और विलियम ओ. डेली के अंग्रेजी अनुवादों की सहायता से तैयार किए गए हैं। 'सप्रश्न कविताएँ' सीरीज़ मूल स्पानी पाठ और बेन बेलिट के अंग्रेजी अनुवादों की सहायता से तैयार की गई है। इस सीरीज़ की सभी कविताओं की संरचना प्रश्नवाची है और प्रत्येक वाक्य भी। प्रत्येक कविता के अन्त में मूल कृति की क्रम संख्या भी, सुविधा के लिए, दी गई है।

प्रणयगान

मुझे तुमसे प्यार है, मुझे तुमसे प्यार है ही मेरा गान है
और यहीं से मेरी बेवक़ूफ़ी की शुरूआत होती है।

मुझे तुमसे प्यार है, मुझे तुमसे प्यार है मेरे फेफड़े
मुझे तुमसे प्यार है,
      मुझे तुमसे प्यार है मेरी जंगली अंगूर-बेल,
और प्यार यदि शराब जैसा हो
तुम्हीं मेरी लत हो,
हाथों से पैरों तक :
तुम परलोक का जाम हो
और नियति की मेरी सुराही।

मुझे तुमसे प्यार है आगे को मुख़ातिब
मुझे तुमसे प्यार है पीछे को मुड़ता
और मेरे पास वह सुर या लय नहीं है
कि तुम मेरा गान गा सको–
      कभी न खत्म होने वाला मेरा गान।

मेरे साज़ के गले से जो गाता है सुर-संगति से परे
साज़ ऐलान करता है
मुझे तुमसे प्यार है, मुझे तुमसे प्यार है मेरी 'डबल बास'
मेरी प्रियतमे, निगूढ़ और निर्मल

मेरा दिल, मेरी बत्तीसी
मेरी रौशनी, मेरी चम्मच
मेरे फीके अठवारे की लुनाई
खिड़की के शफ़्फ़ाफ़ शीशे से झाँकते मेरे चाँद!

(पीत हृदय : EL CORAZON
AMARILLO : 1971-72 से)

हरेक को उबाने वाला उदास गीत

सारी रात मैंने अपनी ज़िन्दगी तबाह की
कुछ गिनते हुए,
गायें नहीं
पौंड नहीं
फ्रांक नहीं
डॉलर नहीं...
न, वैसा कुछ भी नहीं

सारी रात मैंने अपनी ज़िन्दगी तबाह की
कुछ गिनते हुए,
कारें नहीं
बिल्लियाँ नहीं
मुहब्बतें नहीं...
न!

रौशनी में मैंने अपनी ज़िन्दगी तबाह की
कुछ गिनते हुए
किताबें नहीं
कुत्ते नहीं
हिंदसे नहीं...
न!

सारी रात मैंने चाँद को तबाह किया
कुछ गिनते हुए,
बोसे नहीं
वधुएँ नहीं
बिस्तर नहीं...
न!

लहरों में मैंने रात को तबाह किया
कुछ गिनते हुए,
बोतलें नहीं
दाँत नहीं
प्याले नहीं...
न!

शान्ति में मैंने युद्ध को तबाह किया
कुछ गिनते हुए,
सड़कें नहीं
नग़में नहीं...
न!

छाया में मैंने ज़मीन को तबाह किया
कुछ गिनते हुए,
बाल नहीं
झुर्रियाँ नहीं
गुम गई चीज़ें नहीं...
न!

ज़िन्दगी में मैंने मौत को तबाह किया
कुछ गिनते हुए,
क्या उस सबको भी जोड़ जाय?
याद नहीं पड़ता...
न!

मौत में मैंने ज़िन्दगी को तबाह किया
कुछ गिनते हुए,
नफ़ा कहूँ कि नुकसान!
नहीं जानता
न ज़मीन ही...
वग़ैरह वग़ैरह।

('चुनिन्दा असफलताएँ' :
Defectos Escogitos से)

समय जो खोया नहीं

भ्रान्तियों की गणना कोई नहीं करता
न तिक्त प्रतीतियों की,
जो हमारे साथ नहीं घट सका
कोई पैमाना नहीं है उसे मापने का,
जो भौंरे की तरह मँडराता रहा
हमारे ध्यान न देने के बिना
हमने जो गवाँया।

अपनी ज़िंदगी से हाथ धो बैठने तक खोना
अपनी ज़िन्दगी और अपनी मृत्यु को जीना है
और किसी भी व्यतीतशील वस्तु का अस्तित्व नहीं है
जो स्थाई प्रमाण नहीं देती
सब कुछ की अनवरत रिक्तता का,
वह नीरवता जिसमें सब कुछ विलीन हो जाता है
और, अन्ततः हम विलीन हो जाते हैं।

अरे, इतने पास अपने कौन आया
कि हम क़त्तई जान नहीं पाये!
अरे, वह क्या था, जो घटित हो सकता था
और कत्तई घटित नहीं हुआ!

दुःख के पहाड़ों के चारों ओर

कितने सारे पंख उड़े
कितने सारे पहियों ने
हमारी नियति के राजमार्ग को रौंदा।
कुछ भी नहीं छोड़ा हमने खोने को।
और हमारे विलाप का अन्त हुआ।

(शीत उपवन :
Jardin de Invierno : 1971-73 से)

गौतम-ख्रीस्त

ईश्वर के नाम, खासकर उसके पैग़म्बर यीशु यानी ख्रीस्त के
लिखित पाठों में और मौखिक रूप से,
अपना अर्थ खो चुके हैं, घिस चुके हैं
और हमारी अपनी ज़िन्दगी की नदी-पट्टी पर जमा कर दिए गए हैं
घुँघचियों की ख़ाली खोलों की भाँति।
फिर भी/सारा रक्त बह चुका है जिनका/ज़ख़्मी पंखुड़ियों जैसे
प्रेम और भय के महासागरों के सन्तुलन
इन पवित्र नामों के स्पर्श से
हम अनुभव करते हैं कि कुछ बचा हुआ है :
एक गोमेद अधर
एक रंगदीप्त पदचिन्ह
अब तक झलमलाता हुआ रौशनी में।

ईश्वर के नाम यद्यपि उत्कृष्ट और निकृष्ट
पवित्र और पतित लोगों द्वारा उच्चारे गए थे
काले और गोरों के द्वारा
ख़ूनियों-क़ातिलों के द्वारा
और नापाम के साथ धधकते पीले-भूरे उत्पीड़ितों के द्वारा,
जबकि निक्सन ने मौत की सज़ा पाए लोगों को
केन* के हाथों धन्य किया,
समुद्रतट पर छोटे-छोटे न-कुछ से पवित्र पदचिन्ह नज़र आने पर
लोगों ने रंगों का परीक्षण शुरू किया,

उम्मीद शहद की, संकेत यूरेनियम का,
उम्मीद और संशय के साथ उन्होंने
एक दूसरे की हत्या करने या न करने
अपने-आप को क़तारबन्द करने
बिना रुके और आगे जाने
अपने आप को असंख्य करने की सम्भावनाओं का अध्ययन किया।
हम, जो ख़ूनी बास, जलती लाशों और मलबे की चिरायँध छोड़ते
        इन दौरों से गुज़र कर जीते रहे
हम, जो उस दृश्य को भूल पाने में असमर्थ थे
अक्सर ईश्वर के नामों पर सोचने के लिए रुके हैं,
सदय हाथों उन्हें उठाया है,
क्योंकि उन्होंने हमारे पुरखों का
अरण्य में गूँजते सामगानों का
प्रश्नाकुल जिज्ञासाओं का
और विपत्तिकाल में संघबद्ध करने वाली स्तुतियाँ
        अन्वेषित करने वालों का पुनर्स्मरण कराया,
और अब
जहाँ वह आदमी रहता था
उसके सूने पड़े
        खँडहरों को देखते हुए
हम उन शिष्ट उपादानों की ओर संकेत करते हैं
जो नेकी और बदी के द्वारा गवाँ दिए गए।

(शीत उपवन :
Jardin de Invierno : 1971-73 से)

* ऐडम और ईव का बेटा, जिसे नास्तिकों और धर्म-द्रोहियों को मौत के घाट उतारने का आदेश दिया गया था।

आजिज़ी के साथ

मान लिया गया है
कि हमें कुछेक मामूली ख़ूबियों की जानकारी है
हफ़्ते के हरेक दिन की पोशाकें
जिन्हें हम इतनी बार देखते हैं
कि वे अदृश्य हो जाती हैं
और हमें भेदिया, अगियाबैताल या चुड़ैल के हवाले नहीं करतीं

बिला शक मैं किसी वहशी कारनामे की तारीफ़ करता हूँ
पुराने चलन की अक़ीदत की, कुदरती गद्‌दी की
आने वाली पुश्तों में चट्टान-दर-चट्टान चिपकती जाने वाली
शानदार सच्चाइयों की किफ़ायतशारी की,
समन्दर को फ़त्ह करने वाले कुछखास मोलस्कों की तरह
हम सभी मामूली लोग हैं
        ज़िन्दगी के थके-चुके मनके
जो फेरते रहते हैं खुद को आख़िरी साँस तक,
और हम कभी नहीं पहनते बेढंगी वर्दियाँ,
कोई पाबन्द रोना-कलपना नहीं :
वाजिब ही है कि हम आमदरफ़्त रखते हैं,
नाफ़रेब मुहब्बत
        निख़ालिस रोटी
                फुटबाल का खेल
कचरे से अटे मुहारों के साथ गलियारे हमें उपलब्ध हैं

दुम हिलाते कुत्ते
    और सुकूनपसन्द मछली की आमद के साथ
        एक नीबू का रस।

मैं इजाज़त चाहता हूँ आम लोगों जैसा होने की
दुनिया के बाक़ी लोगों जैसा,
ज़्यादा क्या; किसी भी दूसरे जैसा :
मेरी दिली इल्तिजा है
    कि अगर हम ख़ुद के बारे में बकवाद कर रहे हों
क्योंकि हम ख़ुद के बारे में ही बकवाद कर रहे हैं
मेरी आमद के दौरान, मिहरबानी करके
ख़ूब ज़ोर से तुरही फूँक कर अपना विरोध प्रकट करें
और मेरी गुमसुम ग़ैर-हाज़िरी को मंजूर कर लें।

(शीत उपवन :
Jardin de Invierno : 1971-73 से)

मर गया मेरा कुत्ता

मर गया मेरा कुत्ता

दफ़ना दिया मैंने उसे बाग़ में
ज़ंग खाये एक पुराने इंजिन की बग़ल में

न बहुत गहरे
न बहुत उथले

कभी वह मेरी अगवानी करेगा
विपुल एकाकीपन में :

हमारे ऊपर
हिमानी परिन्दों ने हवा को भेदा
और मेरा कुत्ता
बाल तन्नाये हुए
        मौज मारता हुआ
चालढाल में समुद्री वोल्टता से भरपूर :

मेरा कुत्ता यहाँ-वहाँ बंडियाता और सूँघता हुआ
महासागर और उसके झाग के बरअक्स
अपनी सुनहरी पूँछ लहराता हुआ।

वल्ले-वल्ले-वल्ले!
सिर्फ़ कुत्ते जानते हैं कि कैसे ख़ुश रहा जाए,

बस्स्, और कुछ नहीं,
लोकलाज को पूरी तरह ताख पर रख कर

कोई अलविदा नहीं मेरे कुत्ते के लिए
जो कि मर गया।
हमारे बीच न कोई कपट था, न है।

वह चला गया और मैंने उसे दफ़ना दिया
और क़िस्सा ख़त्म।

सितारा

अरे, मैं कभी वापस नहीं गया,
कचोट भी कोई नहीं है अब
 वापस न जाने की।
और बन्दरगाह को चूमती लहर
उसके जलमार्ग
नमक और जोंक की तरह
मैंने, इस ख़ुदमुख़्तार ने
तट के इस टहलुआ ने
 सौंप दिया ख़ुद को।
ज़ंजीर बाँध दी अपने आश्रय से।

अब कोई आज़ादी नहीं हमारे लिए—
हम जो इस रहस्य के अंश-मात्र हैं,
कोई रास्ता नहीं बचा
 ख़ुदी तक
 ख़ुदी की चट्टान तक लौटने का।
कोई सितारा बाक़ी नहीं बचा
 सागर के सिवा।

(सागर और घण्टियाँ :
El Mar y Las Companas : 1971-1973 से)

आभारी हूँ

वायलिनो,
आभारी हूँ चार तारों वाले
    इस दिन के लिए।
स्पष्ट है आसमान की आवाज़,
हवा की उदास सरसराहट...
    स्पष्ट है।

सप्रश्न कविताएँ

(1)

अगर मैं मर चुका हूँ और इससे अनभिज्ञ हूँ
तब भला किससे जाकर मैं पूछँ यह?

कहाँ से पाता है फ्रांसीसी वसन्त
वे सारी ढेर-ढेर हरी-भरी पत्तियाँ?

मधुमक्खियों का सताया हुआ अन्धा आदमी
कहाँ बना पाएगा अपना ठिकाना?

ख़र्च हो चुकी है सारी ज़र्दी अगर
रोटी हम किस चीज़ से बनाएँगे? [2]

(2)

सचमुच बेलिबासः है गुलाब, बोलो,
या उसने वैसे कपड़े ही पहन रखे हैं?

अपनी जड़-मूल की दीप्ति या कि महिमा
छिपाये रखते हैं क्यों-कर भला, दरख़्त?

अपराध में शामिल रही जो मोटरकार
उसके प्रायश्चित्त पर कौन कान देता है?

बारिश में बेहरकत खड़ी रेलगाड़ी से
ज़्यादा उदास कोई चीज़ है दुनिया में? [3]

(3)

क्या छुपाए हो अपने कूबड़ में, प्यारे?
ऊँट ने कछुए से पूछा।

और तुम नारंगियों से क्या गप्पिया रहे हो, बिरादर?
कछुए ने भी तुर्शी-ब-तुर्शी सवाल जड़ दिया।

क्या बीते दिनों की यादों से ज़्यादा
पत्तियाँ होती हैं नाशपाती के दरख़्त में?

और भला, पीले पड़ने का अहसास होते ही
ख़ुदकुशी क्यों कर लेती हैं पत्तियाँ?[5]

(4)

क्या सारी शान्ति कबूतर के ही हिस्से है?
युद्ध की ठान तेंदुआ ही, बस्स्, ठानता है?

बेजान चीज़ों का भूगोल ही
अध्यापक विद्यार्थियों को क्यों पढ़ाता है?

स्कूल से ऊबी-थकी अबाबीलों पर
क्या-कुछ गुज़रती है, भला कभी सोचा है?

सच है कि वे नक्शे फैलाएँ, और
तुम उनके पार सारा आकाश देख लोगे?[7]

(5)

सौ साल आगे, पोलैण्ड के लोग
क्या-कुछ सोचेंगे मेरी हैट के बारे में?

कभी एक उँगली भी मेरे ख़ून में न डुबाने वाले
क्या कहेंगे मेरी कविताओं के बारे में?

मेरे बीअर के कूजे से फिसलते हुए झाग की
पैमाइश कैसे की जाय, भला?

पेत्रार्क के किसी सॉनेट में क़ैद मक्खी
बोलो, अपना वक़्त कैसे गुज़ारती है? [10]

(6)

किसे देख-देख, चावल मुस्कुरा रहा
अपने असंख्य झक्-सफ़ेद दाँतों से?

अस्पष्ट अतीत में अदृश्य रौशनाई से
क्यों लिखा था उन्होंने, बताओगे?

गुलाब के घाँघरों की गिनती
कर सकती है, क्या, काराकास सुन्दरी?

मैं क्यों दंशित हूँ भिनभिनाती मक्खियों से
और साहित्य के सार्जेंटों से? [12]

(7)

काम में व्यस्त नमक और चीनी
क्या कोई सफ़ेद मीनार बना रहे?

चींटियों ने जो उठाईं पहाड़ियाँ
सच है कि उनकी अनिवार्यता हैं सपने?

धरती क्या जुगालियाँ करती है,
बता सकते हो, शरद के महीनों में ?

(सोने के रंग वाली पहली पत्ती को
पदकों से, कहो, क्यों न नवाजा जाए?) [16]

(8)

क्या यह सच है कि तृणमणि में
जलपरियों के आँसू जज़्ब होते हैं?

उस फूल का नाम तो बताओ, क्या है
जो परिन्दा-दर-परिन्दा उड़ता है?

फिर कभी से कभी नहीं
बेहतर नहीं है क्या?

क्यों बखानते रहते हैं हर वक़्त
अपनी ख़ूबियाँ-फ्रांसीसी पनीर? [20]

(9)

चार का हिंदसा हर किसी के लिए क्या हरदम चार ही होता है?
सभी सात क्या समानार्थी होते हैं?

क़ैदी जब रौशनी के बारे में सोचते हैं
तो क्या वह तुम्हारी दुनिया को रौशन करने वाली रौशनी ही होती है?

कभी भला तुमने यह जानना चाहा
कि बीमार को अप्रैल का रंग कैसा नज़र आता है?

किस पश्चिमी राजतन्त्र का झण्डा
अफ़ीम के फूलों से रँगा जाता है? [24]

(10)

इस दुनिया में जो-कुछ हासिल करना मेरा मक़सद था
उसकी बाबत किससे अर्ज़ कर सकता हूँ?

क्यों चलता-फिरता हूँ बिना किसी ख़्वाहिश के,
नीरव-निश्चेष्ट खड़ा क्यों नहीं रह पाता?

डोलता रहता हूँ क्यों यहाँ-वहाँ बिना पहियों के
पंखों या डैनों के बग़ैर क्यों उड़ता फिरता हूँ?

और भला, देशान्तरण की बात कैसे कर सकता हूँ
अगर मेरी अस्थियाँ चीले में ही रहती हैं? (31)

(11)

पाब्लो नेरूदा के बतौर जाने जाने से बढ़कर
क्या कोई ख़ब्त है इस जीवन में?

क्या मेघों का कोई कलेक्टर तैनात है
कोलम्बिया के ऊपर : आसमान में?

क्यों, हरदम लन्दन में ही क्यों
आयोजित करते हैं वे छतरी कांग्रेसें?

क्या शीबा की साम्राज्ञी के जिस्म में
बैंगनी रंग का ख़ून बहता था?

बॉदलेयर जब रोया तो उसने
क्या काले आँसू गिराये थे? [32]

(12)

वीराने में भटकने वालों के साथ
क्यों निभाता है सूरज ऐसी घटिया दोस्ती?

और क्यों-कर होता है इतना सुहावना
किसी अस्पताल के बग़ीचे में?

चन्द्रमा के जालों में छटपटाती हुई
वे मछलियाँ हैं कि हैं चिड़ियाँ?

जहाँ उन्होंने मुझे खोया ठीक वहीं
क्या मैं कामयाब हुआ ख़ुद को पाने में, अन्ततः? [33]

(13)

समुद्र जब ठठा कर हँसता है
तब क्या तुम भी ख़तरा नहीं महसूस करते?

पोस्त के फूलों के ख़ूनी लाल रेशम में
देखते नहीं क्या तुम कोई जोखिम?

नहीं देखते कि सेब में दफ़्न हो जाने के लिए
सेब का दरख़्त कैसा बौराता है?

हँसी और उपेक्षा की बोतलों से घिर कर
रोना नहीं आता क्या तुम्हें? (39)

(14)

गैंडा अगर नरमदिल हो जाए
तो भला कितने अर्से जियेगा?

आगामी वसन्त की अगवानी में
क्या-कुछ गुनगुनाती हैं सारी पत्तियाँ?

जाड़े के दिनों में पोशीदा तौर पर,
पत्तियाँ क्या जड़ों में रहती हैं?

क्या-कुछ सीखा दरख़्त ने ज़मीन से
आसमान पर भरोसा रखने के लिए?[41]

(15)

वह बच्चा कहाँ है जो कि मैं था–
अब भी है मेरे भीतर, या चला गया?

क्या उसे पता है कि मैंने कभी
उसे प्यार नहीं किया, न मुझे उसने?

हमने क्यों सर्फ़ किया इतना वक़्त
बढ़ने-बड़रने में, फ़क़त अलग होने के लिए?

जिस क्षण मेरे बचपन की मौत हुई
हम दोनों भी तभी क्यों नहीं मर गए?

और यदि आत्मा मुझसे दूर जा छिटकी है
तो फिर यह ठठरी मेरे साथ क्यों लगी है? [44]

(16)

सुनते हो क्या, तुम,
शरद ऋतु के मध्य में पीले विस्फोट?

वजह-बेवजह
बारिश क्यों रोती है ख़ुशी के आँसू?

उड़ते वक़्त कौन-सी चिड़ियाँ
तै करती हैं झुण्डों का क्रम?

गुनगुनाता हुआ परिन्दा
अपने भड़कीले सन्तुलन को किस चीज़ से झुलाता है? [47]

(17)

कौन राज़ी कर सकता है सागर को
कि वह समझदारी बरते?

नीले जीवाश्म, हरे कणाश्म को नष्ट करने के लिए
कौन-सा सुकार्य वह करता है?

वे सब सलवटें और गड्ढे
क्यों हैं चट्टानों में?

मैं सागर के दूसरे किनारे का हूँ
वह जब हमला बोलेगा तो मैं किधर भागूँगा? [50]

(18)

मौत की गली में टिके रहने का
भला क्या मतलब हो सकता है?

नमक का निर्जन कैसे भला
किसी पंखुड़ी को प्रस्फुटित कर पायेगा?

निष्क्रियता के सागर में क्या कोई
मरने के लिए सजता-सवँरता है?

हड्डियों के गल-सड़ चुकने के बाद
कौन जीता रहता है बची ख़ाक-धूल में? [62]

(19)

अरी ओ, हिज्जे की किताब, क्या तू मुझसे इश्क़ कर सकती है
और एक दिलक़श बोसा दे सकती है?

लुग़त को क़ब्र कहूँ, या कहूँ
शहद का छत्ता, सीलबन्द?
मुर्दा वक़्त को निहारता हुआ
किन रौशनदानों से लगा मैं खड़ा था?

दूर से जिस-कुछ की झलक मैं पा रहा हूँ
क्या वह वही है, जो, महज़ गुज़र जाने को,
अब तक नहीं आया? [67]

(20)

तितली उस लिपि को आख़िर कब पढ़ती है
लिखी मक्खियों ने जो उसके पंखों पर?

अपने यात्रा-पथ से अवगत होने को
मधुमक्खी ने क्या-क्या अक्षर उच्चारे?

अपने हताहतों की गणना करने को
किस गिनती तक चींटी गिनती रहती है?

कहा जाय उस चक्रवात को क्या आख़िर
जिसकी सक्रियता की अवधि समाप्त हुई? [68]

(21)

सारी की सारी नदियाँ यदि मीठी हैं
तब फिर सागर नमक कहाँ से पाता है?

ऋतुओं को यह बात पता चलती कैसे
वक़्त कमीज़ बदलने का आ पहुँचा है?

जाड़े की ऋतु क्यों-कर इतनी नीरस है
औ' उसकी अनुगता पुष्पिता है क्यों-कर?

कैसे भला जान पातीं यह बात जड़ें
उन्हें प्रकाशोन्मुख पथ पर चढ़ना होगा?
फिर ऐसे रंगों से; मोहक फूलों से
मुक्त पवन का अभिनन्दन करना होगा?

वही-वही भूमिका उसी विधि दुहराता
हरदम वही वसन्त लौट कर है आता? [72]

[प्रश्न पुस्तक :
Libro de Preguntas : 1974 से]